未来をつくる女性の力

桜梅桃李の花咲く社会へ

栗原 淑江

第三文明社

はじめに

「女性の時代」と言われる現在、社会のいたるところで女性たちが生き生きと活躍《かつやく》しています。まさに、長い冬を耐《た》えた木々から色とりどりの花がいっせいに咲き開く春の到来《とうらい》を思わせます。

創価学会／ＳＧＩ（創価学会インタナショナル）においても、日々の活動の最前線で女性たちが活躍していることはよく知られています。創価学会は、一九三〇年に創立されて以来、一九七五年のＳＧＩ結成を経て、約八十年の歴史を刻《きざ》んできました。

その間、代々の会長をはじめとするリーダーたちは女性の活躍に期待を寄《よ》せ、女性の力を評価し、女性の幸福実現と社会貢献《こうけん》の重要性を訴《うった》えてきました。さまざまな境遇《きょうぐう》、立場にあった創価の女性たちは、人生の師を得て、それぞれに蘇生《そせい》のドラマを展開してきたのです。

歴史的に見ると、長い間、女性は「女《おんな》・子ども」とくくられて「一人前」の人間とは見なされず、社会のあらゆる分野で二次的・従属的な存在と考えられてきました。現代にあってもなお、女性をめぐる問題は山積《さんせき》しています。

そうしたことを考えると、フェミニズムも女性学も展開していない時代に開始された創価学会の長年にわたる活動において、草創期《そうそうき》から一貫《いっかん》して女性が尊重され、期待され、活動の主体者として、第一線で堂々と活躍してきたことは驚くべきことでしょう。

とくに池田大作SGI会長は、ともすれば女性が蔑視《べっし》され抑圧《よくあつ》されがちな社会のなかで、女性が活躍しやすい状況を創出してきました。

そうした創価学会の特質に、多くの識者が注目しています。

かつて、中国の福建師範大学《ふっけんしはん》の鄭一書《ていいっしょ》副学長が、次のように指摘《してき》したことがあります。

「二十一世紀は『女性の世紀』とも言われておりますが、池田ＳＧＩ会長は早くも四十数年前に創価学会会長に就任《しゅうにん》された折《おり》に、女性の存在の重要性に着目《ちゃくもく》され、理念と行動のうえから女性運動を支持されるという先見性を示してこられた」（『聖教新聞』二〇〇二年五月三日付）

また、北京大学の池田大作研究会の賈蕙萱《かけいけん》会長が、「中国では世界の半分を女性が支えているといいますが、創価学会では女性が半分以上を支えていますね」と語ったことがあります。これは、一九九四年十月に、同会と私が所属する東洋哲学研究所の合同シンポジウムが北京大学で開催された際のあいさつで述べられたものですが、満場の共感の拍手《はくしゅ》を浴びていた光景が印象的でした。

両者とも、池田ＳＧＩ会長と交流があり、創価学会を深く理解している方々で、その言葉には重みがあります。

本書では、まず一女性の体験を紹介し、次に池田ＳＧＩ会長の女性観について考察したいと思います。池田ＳＧＩ会長は、数多くの著作、スピーチ、提言、詩、箴言《しんげん》等で、女性に対して呼びかけておられます。本書では、そうしたＳＧＩ会長の提言や指針《ししん》をひもとき、さらに、それらに対応した女性たちの活躍を紹介するとともに、識者たちの評価も紹介したいと思います。

ただし、膨大《ぼうだい》な著作やスピーチ、資料を網羅《もうら》するのは不可能なので、今回は、その一部を管見《かんけん》するにとどめざるをえませんでした。とくに、女性に贈《おく》られた多くの詩歌《しいか》や箴言は、それ自体一つの大きな世界をなしていますが、本書で取り上げるのは断念し、今回は主として著作、対談集を中心に、私見として考察してみたいと思います。

目次

第5章　創価の女性たちの「平和の文化」運動 143

第1章

信仰との出会い——ある女性の心の軌跡

多感な青春時代に生き方を模索《もさく》

「創価の女性たち」一般について語る前に、最初の章ではまず、私自身の体験に重なる、信仰にいたる一人の女性の心の軌跡《きせき》をたどってみたいと思います。どのような経緯《けいい》で創価学会に入会し、「創価の女性」として自己実現してきたか。そして、その女性にとって池田ＳＧＩ（創価学会インタナショナル）会長との出会いがどれほどの重みを持っているかについても、触れてみたいと思います。

＊

その女性は創価学会に出合う前、通っていた高校で学園紛争の嵐に巻《ま》き込《こ》まれていました。時は、一九六〇年代末の熱い「政治の季節」。大学で盛んだった学生運動が、高校にまで波及《はきゅう》していました。

彼女の高校は、埼玉のU女子高という進学校でした。その高校から大学に進み、学生運動にハマった先輩たちが、時折《ときおり》オルグ活動（左派組織への勧誘《かんゆう》）に訪《おとず》れていました。

当時、彼女はそうした世界に魅力《みりょく》を感じていました。高校生だてらに、新宿西口広場の「反戦フォーク集会」に参加したり、級友たちと高校の中庭《なかにわ》でギターをかき鳴らして「反戦フォーク」を歌ったり、あやしげな喫茶店で大学生のお兄さんたちからマルクスについて教えてもらったりしていたのです。

いまどきの高校生にはイメージしにくいでしょうが、当時は多くの若者が「世界を変《か》えたい」という熱い思いを抱《いだ》いていた時代でした。世界各地の紛争や貧困《ひんこん》などの社会問題に対する関心も、みな総じて強かったものです。

当時、男女共学校に通っていた彼女の友人が、高校当局に反抗してバリケードを築いたことがありました。その模様《もよう》が新聞の地方版に掲載《けいさい》されましたが、その内容は、友人から聞いていたものとはまるで違うものでした。友人たちが一方的に悪者にされていたのです。マスメディアに対する不信感が芽生《めば》えたのはこのときです。

また、彼女の高校の先輩に、W大学に進学して学生運動をやっている人がいました。先輩から「あなたも、学生運動をやるならこの大学にいらっしゃい。一緒《いっしょ》に闘《たたか》いましょう」と言われ、彼女はすっかりその気になってしまったのです。

ところが、高校卒業が間近になるにつれて、「活動家」を自任していた仲間たちが、一人また一人と、進学のために活動から離れていきました。彼女も、しだいにそうした活動に限界とむなしさを感じるようになり、普通の高校生の生活に戻っていきました。

「芥子粒《けしつぶ》のようにちっぽけな私たちが、日本の片隅《かたすみ》でちまちまと子どもっぽい反抗をしても、社会は少しも変わらないではないか。体制には爪《つめ》あと一つもつけられないではないか。自己満足にすぎないのかもしれない」――そんな深い無力感にとらわれてしまったのです。

最後まで残ったのは、いちばん過激に頑張っていた友人で、卒業式で「事件」を起こしました。名前を呼ばれても起立しなかったのです。起立しないことで学校側に反抗していたのです。「立ちなさい！」と教師から何度も怒鳴《どな》られ、最後にはとうとう黒いコートを頭からスッポリかぶって起立しました。かなり話題になったできごとでした。

さて、無力感と挫折《ざせつ》感のなかで思いつめた十八歳の彼女は、「もう人とかかわりたくない。将来はなるべく人と会わずに、一人で生きていこう。人里《ひとざと》離れた山奥に庵《いおり》を結んでひっそりと暮らそう」などと考えたのです。その決意を、周囲の友人たちに話したりもしました。冗談《じょうだん》のように聞こえるかもしれませんが、当時の彼女は本気でそう決意していたのです。

「底知れない不安」が消えた

そんななか、彼女の前に創価学会が現れました。彼女の両親は、親《しん》戚《せき》に勧《すす》められて、その数年前に入会していました。ただし、当時はまだ活動はほとんどしておらず、両親が彼女に入会を勧めることもありませんでした。ところが、彼女が高校三年生のとき、地域の会場提供者のご一家が引っ越したため、急遽《きゅうきょ》彼女の家が創価学会の地区の拠点《きょてん》になったのです。

以来、彼女の家にたくさんの創価学会員が出入りするようになりました。その人たちは折に触《ふ》れ、彼女にも「学会に入らないかい」と誘《さそ》ってきました。でも、当時の彼女はそのたびに、「信仰は弱い人がするものだ」とか、「何にも頼らず自分の力で生きていきます」とか、「たとえ世界中の人が入会しても、私は入りません」などと憎《にく》まれ口を叩《たた》いたそうです。

また、当時の彼女は、宗教団体に入ると自分の個性がなくなってしまうような気もしていたのです。「他人と同じようになるのはごめんだ。わが道を行くんだ」とツッパっていたのでした。

しかし、学生運動のまねごとにも挫折《ざせつ》し、無力感にとらわれるようになった彼女のなかで、何かが変わっていきました。「自分はいま、何も信念を持っていない。みなが勧めるこの信仰にかけるのも、一つの道かもしれない」と。

そうした思いを強く後押ししたのが、創価学会が言論の自由を妨害《ぼうがい》したと週刊誌などで騒《さわ》がれた「言論出版問題」でした。あの問題で学会がマスメディアや国会で激《はげ》しい批判を浴《あ》びたとき、彼女は逆に、「もしかしたら、創価学会は正しいことをしている団体かもしれない」と直観したのでした。

創価学会が批判されている様子を見て、逆に創価学会に共感を覚える――そんな心理はわかりにくいかもしれません。しかし、当時の彼女には「反体制派」的な傾向が色濃《こ》くあって、体制側・権力側にあるものに対する強い嫌悪感《けんおかん》があったのです。マスコミに対する不信感もありました。だからこそ、マスコミなどからバッシングを受けている創価学会の姿を見て、「悪《あ》しき権力に弾圧《だんあつ》されている民衆団体」というイメージを抱《いだ》いたのでした。

そして、「思いきって創価学会の世界に飛び込んで、自分の直観《ちょっかん》をたしかめてみよう」と思い、彼女は入会したのです。高校卒業も近い一九六九年十二月のことでした。

入会して唱題をするなかで、自分の生命が洗《あら》われていくような印象を抱きました。長年のうちに積み重なった心のかさぶたが剝《は》がれていくようでした。生命の底からふつふつとエネルギーが湧《わ》き上がってくるのを実感したのです。

入会前の彼女は、いつも不安を抱えていました。たとえば、小学生のときから「人はなぜ死ぬのだろう」「何をやってもどうせ死ぬんだ」などという考えにとりつかれ、何をしても心が晴れなかったのです。

そんななか、友人の家で見た少年雑誌の「悩み相談」のコーナーに、同じような質問を見つけました。はやる気持ちで読んだ回答は、「そんなことは考えず、スポーツにでも打ち込みなさい」というものでした。子どもながらに、深い失望感《しつぼうかん》にとらわれたといいます。

ところが、入会して唱題し、仏法の生命論を学ぶなかで、「死」の問題を当然の理《り》として自然にとらえられるようになりました。いつも心に潜《ひそ》んでいた底知れぬ不安がなくなり、あたたかい安心感が胸いっぱいに広がってくるのを覚えたといいます。

彼女の入会前の自己イメージは、真冬の暗い海に放り出され、誰にも気づかれずブクブクと沈んでいくというものでした。ところが、入会後に浮かんだイメージは、海は海でも真夏のハワイ。彼女のまわりには浮袋が十個くらいあって、沈もうとしても沈めない、というものに変わっていました。

そうこうするなかで、「この信仰は間違いない」と確信した彼女は、まだ入会後間《ま》もなかったのに、周囲の人たちにその感動を語っていきました。一家で最後まで未入会だった彼女の妹も八カ月後に入会し、家族そろって信仰するようになります。

また、高校の友人たちにも次々と仏法対話をしていきました。彼女は「庵《いおり》はどうした」と言われたりしながら、嬉々《きき》として「この信仰はすごい」と語りつづけていったのです。

もっとも、仏教についてあまり学んでいなかった入会間もない彼女は、対話した友人の一人からは、次のように言われたのです。

「あなたの言っていることは、なんだかよくわからないわ。ただ、あなたがそんなに情熱的に語りかける姿は初めて見た。短い間にそこまであなたを変えた創価学会は、すごい」

この創価学会なら、世界は変えられる！

短期間の受験勉強がたたり、大学入試に失敗した彼女は、浪人《ろうにん》生活を送りながら、創価学会の女子部員として活動を始めました。そのなかで、強く感じたのは、「学会には、個性的で魅力的《みりょくてき》な女性がたくさんいる」ということでした。

たとえば、日本大学講堂（当時、東京・両国）で開かれた女子部の会合に参加したとき、当時の女子部長が元気いっぱいに扇子《せんす》を振《ふ》りかざして学会歌の指揮《しき》をとる姿に驚いたものです。それまで彼女は、若い女性がそんなふうに堂々とリーダーシップをとる姿を見たことがありませんでした。なんとなく抱《いだ》いていた「宗教団体というのは物静かなものなのだろう」という先入観が、大きくくつがえされました。

それに、学会の女性たちの笑顔《えがお》の素晴らしさにも胸を打たれました。みんな、いつも本当に幸せそうに笑っているし、元気いっぱいなのです。「女性がこんなに元気な団体って、あまりないのではないかしら」と思ったのです。

入会前には「宗教団体に入ると個性が削《けず》られて画一的な人間になってしまうのではないか」と危惧《きぐ》していた彼女でしたが、すぐにそれが杞憂《きゆう》だとわかりました。学会員たちはそれぞれ、素晴らしく個性豊かな人たちばかりだったのです。

創価学会は団結力がすごいので、外から見ると、その団結力が誤解《ごかい》を生みやすい面があるのかもしれません。「号令一下《ごうれいいっか》、右へも左へも動くロボットのような集団」というような偏《かたよ》ったイメージでとらえられがちなのです。

　彼女自身、入会前に自宅で学会の文化祭の記録映画を見せられたとき、一糸《いっし》乱れぬマスゲームの演技などを見て、感動するよりもむしろ不気味《ぶきみ》さを感じてしまいました。強固な団結力が生み出すそうしたイメージゆえに、「学会に入ると自分の個性がなくなってしまう」と思い込む人も多いのです。彼女自身がそうだったように……。

　でも、実際に入会してみたら、まったく逆でした。学会のなかでこそ、その人の個性が最大限に生かされるのです。本当に、学会員は、これでもかとばかり爆発的《ばくはつてき》に個性的な人が多いです。

「人とかかわるのはもういやだ。一人で生きていきたい」と厭世的《えんせいてき》な気分になっていた彼女でしたが、学会のなかで個性豊かな女性たちとにぎやかに活動していくなかで、しだいにその気持ちが薄《うす》れていきました。「いろいろな人とつきあうのも、楽しいかもしれない……」と変わっていったのです。

さらに、入会して何より感動したのは、「この創価学会なら、きっと世界は変えられる」というたしかな手応《てごた》えを感じられたことでした。

彼女が高校生時代にかいま見た学生運動が目指《めざ》していたのは、急進的な暴力革命《かくめい》によって「世界を一気に変えること」でした。一握《ひとにぎ》りの前衛《ぜんえい》が切り込み、急激に社会変革を実現することだったのです。

一方、創価学会も世界の変革を目指してはいますが、そのやり方は平和的かつ漸進的《ぜんしんてき》で、人々の内面から変革していく精神革命でした。地道ではありますが、確実な、非暴力の闘争です。日蓮大聖人《にちれんだいしょうにん》の仏法を根底にした人間主義の平和な世界を築くことを目標にしているのです。

池田SGI会長の著作『人間革命』の「はじめに」には、次のような名高い一節があります。

「一人の人間における偉大な人間革命は、やがて一国の宿命《しゅくめい》の転換をも成し遂げ、さらに全人類の宿命の転換をも可能にする」

一度は革命を夢見て挫折《ざせつ》した彼女は、この一節に強く心《こころ》惹《ひ》かれました。

彼女が触《ふ》れた学生運動には巨大な目標だけがあって、性急《せいきゅう》に世界を変えようとしていました。だからこそ、「ちっぽけな自分が何をしたところで社会が変えられるわけがない」という無力感にとらわれ挫折《ざせつ》したのでした。

ところが、学会はまったく逆でした。「世界を変えるためにはまず自分が変わり、一人ひとりが変わっていけばいい。それが、やがては世界の変革につながっていく」という考え方なのです。信仰を通じて「人間革命」を成し遂げる個々人が日本中、世界中に存在し、それがやがては世界全体の変革につながっていく……。そのことが、学会活動や池田SGI会長の指導などから実感できました。

しかもそれは、たんなる夢物語ではありません。その変革を可能にするだけの組織のネットワークが、SGI会長のリーダーシップのもと、すでに世界中に築《きず》かれつつあったのです。何と頼《たの》もしいことでしょうか。

「私自身が変わっていくことで、世界の変革に参加できる。私の力で世界が変えられる」――そんな実感に打ち震《ふる》えました。自分が求めていたものがここにあったと彼女は感じたのです。

そして、実際に彼女自身が、入会してから大きく変わっていきました。

入会前の彼女は自分のことで精いっぱいで、他人のことにまで目を向けられませんでした。というより、どんなに親しい友人との間にもつねにヴェールが数枚かかっているように感じられ、人間同士のリアルなつながりを実感できないでいたのです。

彼女が入会した当時、会合で盛んに歌われていた歌がありました。初めて聴《き》いたその歌の一節に、彼女は雷《かみなり》に打たれたようなカルチャー・ショックを受けました。それは、「嗚呼《ああ》　黎明《れいめい》は近づけり」（旧制大阪高等学校全寮歌）という歌の、「君が憂《うれ》いに我れは泣き　我が喜びに君は舞《ま》う」という一節でした。

それまでの彼女にも、悲しんでいる友、苦しんでいる友と一緒《いっしょ》に泣いたことはありました。しかし、友の喜びに「舞い踊《おど》る」ようなことはあったろうか？　友の喜びを自分の喜びと感じることがあったろうか？　本当にそんな自分になれるのだろうか？　頭の中にいくつものクエスチョン・マークが湧《わ》き上がりました。

しかし、日々、「南無妙法蓮華経《なんみょうほうれんげきょう》」と題目を唱《とな》え、学会活動をするなかで、彼女はごく自然に変わっていったのです。ふと気づくと、わがことのように友の幸せを祈り、わがことのように友の苦悩《くのう》に同苦《どうく》して奔走《ほんそう》する自分がいました。自分一人の喜びよりも、みなで喜びを共有したい。「慈悲《じひ》」「菩薩《ぼさつ》」という仏教理念が思い浮かび、自分の生命が広々と拡大していくのを実感したのです。

＊

「創価学会はすごい！」と彼女が驚いた理由は、ほかにもあります。

一つは、学会の世界ではいわゆる庶民《しょみん》が自然な形で世界平和を語り、「世界を変える」ための運動に携わっているということです。しかも、一人ひとりが「自分たちの力で世界は変えられる」という揺《ゆ》るぎない確信を抱いていることです。

それは創価学会員から見ればあたりまえのことなのですが、ごく一握りのエリートや運動家だけがかかわり、庶民から遊離《ゆうり》した運動しか知らなかった彼女には、新鮮《しんせん》な驚きでした。

もう一つ、彼女にとって驚きだったのは、学会では家庭的な幸せと「世界を変えるための革命」が、無理なく両立できる、ということです。従来、「革命」というものは、家庭的な幸せとはなかなか両立し得ないものでした。たとえば、女性が革命運動にかかわる場合、「女性としての幸せ」をすべて捨て去らねばならないことが多かったのです。

じつは、彼女は学会に入会するとき、誰に言われたわけでもないのに、趣味《しゅみ》の編《あ》み物用の道具や糸、集めていたグッズなどを全部捨ててしまいました。「学会に入会するからには、自分の楽しみや趣味は捨て去らなければならない。革命の世界に入るのだから」と勝手に思い込んでいたからです。

ところが、実際に入会してみたら、みなそれぞれ趣味や楽しみを持ちながら学会活動をしていました。しかも、女性たちは仕事をしたり、恋愛をしたり、結婚したり、子育てをしたりして、家庭的な幸せをちゃんとつかんだうえで、世界平和のための活動をしている。二つがごく自然に両立できるのです。これは、じつはすごいことなのだと思ったのです。

そして、何より学会の女性たちはみな堂々としていて、それぞれがきちんとした自分の意見を持っていました。入会間もないころの彼女は、そのことにも驚いたのです。

世界の女性たちとスクラム組んで

さて、一浪をしていた年の秋、翌年四月に創価大学が開学されることを知りました。創価の世界に対する確信を深めていた彼女は、何より創立者に会いたい一心で、迷《まよ》わず受験を決めました。そして、一九七一年四月、一期生として入学することができたのです。

高校時代の担任に報告に行くと、「なぜW大に行かず（二年目は合格）、せんべいの大学（「草加」せんべいと「創価」を混同）に行くのか」と問われ、当時流行していた本のタイトルで答えたそうです——「青年は荒野を目指す」と。また、W大で学生運動をしたあげく生命を落としてしまうのではないかと、本気で心配していた彼女の母は、創大進学にほっと胸をなでおろしたようです。

創価大学で過ごした年月は、まことに得がたい「黄金の日々」でした。彼女はそこで、「人生の師匠」と思い定めた創立者の池田SGI会長に会うことができ、かけがえのない友人たちを得、人生の目標も得ることができました。八王子の丹木《たんぎ》の丘で、大学院博士課程の修了《しゅうりょう》までの十年あまりを過ごした青春のひとこまひとこまが、美しい結晶《けっしょう》のようにキラキラと輝いているそうです。

現在、彼女は、社会学／女性学の研究者として、研究を進めるかたわら、創価大学をはじめとするいくつかの大学で教鞭《きょうべん》をとっています。

女性学は新しい学問分野であり、彼女が学生のころにはまだ講座はありませんでした。ただ、大学に入って間もないころ、教授に「テーマはなんでもいいからレポートを書きなさい」と言われて彼女が選んだテーマは、ジョン・スチュアート・ミル（英国の哲学者／経済学者）の『女性の隷属《れいぞく》（The Subjection of Women）』という女性論でした。当時から、女性の問題に強い関心があったのです。

とはいえ、入学当初から研究者になろうと考えていたわけではありません。卒業を控えた四年生の夏、進路について迷っていた彼女は、偶然《ぐうぜん》にも、創立者・池田SGI会長に直接激励される機会を得たのです。

そのころ、教授たちから「大学院へ進んではどうか」とアドバイスを受けていた彼女は、SGI会長に、「大学院に行こうと思います」と言ったのです。すると、会長は「女性には困難な道だよ。本当にやれるの？」とたずねられました。夢中で「はい！」と答えると、家庭の

創価大学　本部棟

こと、指導教授のことなどを、こと細かに聞き、「頑張れ」と激励《げきれい》してくださったのです。彼女にとっては生涯《しょうがい》の原点となった、夢のようなひとときでした。

翌年の二月、大学院入試に合格し、そのことをＳＧＩ会長に報告した際、記念に万年筆をいただきました。彼女はそのことを「ペンで闘《たたか》っていきなさい」というメッセージと受けとめ、研究者になる決意を固めました。そして、いただいたペンを握りしめ、勉学に励《はげ》んでいったのです。

やがて母校に助手として就職し、研究者としての第一歩を踏み出すことができました。そして、女性学や宗教社会学など、彼女が研究してきたテーマを通じて、創価学会の活動に貢献《こうけん》することができるようになっていったのです。

彼女は、女性学の分野でも講義や出版などを行い、女性を最高に評価する創価学会のメンバーであることに感謝しつつ、論陣《ろんじん》をはっています。また、海外の学者との交流や、海外シンポジウムへの参加、翻訳などにも取り組んでいます。

かつて革命《かくめい》に挫折《ざせつ》した彼女ですが、いまでは、創価学会／SGIの運動を通じて「世界の変革」に参加している、というたしかな実感を得ています。世界中、いたるところに心の通う同志と友人たちがいる。自分のことで精いっぱいだった彼女が、世界の女性たちとスクラムを組んで、変革への歩みを進めている――本当に不思議なことだと思います。

彼女は「創価の女性」の一人であると同時に、女性学の研究者として、「創価の女性たち」の素晴らしい活躍《かつやく》を客観的に見つめ、学問的に位置づけるという使命を背負っていると感じています。彼女はその使命を、これからも全力で果たしていく決意をしています。

第2章

池田SGI会長の女性観

この章では、池田SGI会長の女性観の特長・卓越性《たくえつせい》を、会長がかねて提唱《ていしょう》してこられた「二十一世紀は女性の世紀」という言葉を鍵《かぎ》として、考察《こうさつ》してみましょう。

多様性の時代

近年、「これからの時代はダイバーシティ（多様性）が大事だ」という指摘《してき》がさまざまな論者からなされています。多様性が、二十一世紀にふさわしい重要な価値として認識されてきたのです。

その背景の一つとして、人々のライフスタイルが多様化し、「こうでなければいけない」という固定観念《こていかんねん》が突き崩《くず》されてきたことが挙《あ》げられるでしょう。女性のライフスタイルを例にとれば、そのことがよくわかります。

一般に、女性の人生の〝フルコース〟として、「適齢期《てきれいき》に結婚し、子どもを二、三人もうけ、老後は孫《まご》たちに囲《かこ》まれておだやかにすごす」というものが挙げられます。しかし、ライフスタイルが多様化した現代では、それ以外のコースをたどる女性も多くなっています。結婚しない女性、子どもを持たない女性、働きながら家庭を営《いとな》む女性などなど……。老後の生活状況もさまざまです。いまどき、「女は○○歳までに結婚しなくちゃ」などと言おうものなら、たちまち「二十世紀の遺物」というレッテルを貼《は》られてしまうかもしれません。

池田SGI会長の女性観の大きな特長として、そうした多様性を包《ほう》含《がん》した柔軟《じゅうなん》さを挙げることができるでしょう。

SGI会長の女性論の卓越性の一つは、「無理がない」ということです。会長は、「女性は結婚すべきである」とか、「母になるべきである」「働くべきである」などと決めつけることは一切ありません。固定した女性像に当てはめようとすることがないのです。

池田SGI会長のそうした柔軟《じゅうなん》な姿勢《しせい》を反映して、「創価の女性たち」もきわめて多様です。あらゆる立場、あらゆる職業、あらゆる年代の女性たちが、百花繚乱《ひゃっかりょうらん》の趣《おもむき》で活躍しています。

SGI会長は、世の中でダイバーシティの重要性が叫ばれるずっと前から、女性の多様な生き方を認識し、著作やスピーチのなかで多様な女性像を描いてきました。そして、古い社会通念にとらわれることなく、その人らしく生きるようにと励《はげ》ましてきたのです。

会長が自然な形で多様性を重視してきた背景として、仏法における「桜梅桃李《おうばいとうり》」の理念があります。「桜梅桃李」とは、「桜《さくら》には桜、梅《うめ》には

心から女性を讃え励ます池田SGI会長（2007年、埼玉）

梅の美しさがあるように、われわれ人間もそれぞれの個性があるからこそ尊《とうと》く美しいのだ」と、個性・多様性を重んじた理念です。

日蓮大聖人の「御義口伝《おんぎくでん》」にも、「桜梅桃李の己己《ここ》の当体を改めずして無作三身《むささんじん》と開見すれば是《こ》れ即《すなわ》ち量の義なり」（『日蓮大聖人御書全集』創価学会版〈以下御書と略す〉、七八四ページ）という名高い一節があります。「桜梅桃李それぞれの花（人間の個性の比喩《ひゆ》）が、各々の持つ特徴・性質を改めることなく、そのままの姿で仏になれるのだ」という意味です。

いろいろな花はそれぞれが美しいのであり、花園もさまざまな種類の花の個性が咲き誇ることによって全体の美をかもし出すのです。いくら桜が美しいからといって、世の中の花がすべて桜になってしまってはつまらないでしょう。

人間も同じことです。一人ひとりが個性を持ち、異《こと》なっているのは当然のことであり、一人ひとりが「世界で一つだけの花」なのです。みな一緒《いっしょ》では、かえって気持ちが悪いでしょう。異なるからこそ学び合うことができ、学び合いを通じて互いを豊かにすることができるのです。

しかし、従来の世界では、そのようにダイバーシティを価値としてとらえることがあまりありませんでした。逆に、「差異《さい》へのこだわり」や、自分と同じでなければ許せないという偏狭《へんきょう》さによって、なんと多くの争いごとが起こったことでしょうか。

それは、個人的な人間関係から、団体間、国家間、民族間など、あらゆるレベルのあらゆる場面で見られる現象です。異なるということで、相手に違和感を持ち、無視して仲間外《はず》れにしたり、相手の特質や価値観を尊重せず、蔑視《べっし》したり、自分の基準と同じようにしないと許せなかったり、敵だと決めつけたり……。

たとえば、女性週刊誌などでは、何かしらの「差異」によって女性たちを分断し、争わせようという企画がよくあります。働く女性と専業主婦、嫁と姑《しゅうとめ》、新入社員とお局様《つぼねさま》、若い女性と高齢女性などなど、「差異」を面白《おもしろ》おかしく強調しては、「対立構造」を煽《あお》り立てるのです。

しかし、賢明《けんめい》な女性たちはそんな低劣な煽りに乗る必要はありません。私たちはそれぞれ違うからこそ学び合えるし、「チーム」を組んで互いの短所を補完しあうことによって、一人では不可能な社会貢献《こうけん》もできるのです。

それに、私たちが持っているそれぞれの差異は、固定されたものではなく、時間の経過やなんらかのきっかけで変化していきます。専業主婦がある日から働くようになったり、新入社員がやがてお局様になったり、嫁が次の代では姑《しゅうとめ》になったりするのです。若い女性がやがて高齢女性になることは、言うまでもありません。そのように、差異の多くは相対的で流動的なものであり、そこにこだわるのもおかしな話です。

人間として幸福かどうか

あらゆる女性に激励を送ってこられた池田ＳＧＩ会長ですが、とくに主婦や母に対しては、折に触《ふ》れ渾身《こんしん》の激励をつづけています。激励の詩や随筆《ずいひつ》、メッセージなども、主婦や母を対象にしたものが圧倒的に多いのです。

これは、じつは画期的なことです。というのも、一般世間では「主婦や母は家事や育児をこなしてあたりまえ」とみなされる場合が多く、主婦や母としての生きざまを讃嘆《さんたん》されることなど、ほとんどないからです。

そのように、ただでさえほめられる機会が少ない主婦や母。しかも、近年は社会に出て働く女性が増え、働くことの意義が強調される風潮《ふうちょう》があるので、なおさら、専業主婦であることに引け目を感じてしまいがちです。

主婦は、九時から五時という決まった勤務時間もなく、有給休暇もなく、年中無休で、無限とも思える生活の営みを、家族のために黙々《もくもく》とつづけています。にもかかわらず、家族などから感謝の言葉をかけられることも少ないのです。夫が働いている間に主婦も家事労働をしているというのに、夫婦ゲンカのときに「誰に食わせてもらっているると思っているんだ！」と暴言《ぼうげん》を吐《は》く夫も（昔よりは減ったでしょうが）まだいるのです。

一方、日本の夫の家事従事時間が、世界的にみても非常に少ないことはよく知られています。たとえば、「ボクだってやっている」といばる夫の家事が、出勤のついでにする「ゴミ出し」だけだったりします。専業主婦の場合にかぎらず、夫婦共働きの場合でさえ、夫の家事従事の割合はあまり変わらないというデータもあります。

知人から聞いてびっくりした実話があります。急に風邪《かぜ》で寝込んでしまった妻に、勤めから帰宅した夫が、「だいじょうぶだよ。夕食は心配しないで」と優《やさ》しい言葉をかけて、買い物に出かけたそうです。そして、自分の分だけ弁当を買ってきて食べたというのです。妻の分まではは頭が回らなかったのでしょう（妻はいつも二人分を用意しているのに）。それでも本人は「優しい夫だ」と自負していると思われます。

私はこの話を、友人の男女に伝えてみました。そのときの反応はたいへん興味深いものでした。女性たちは、「そうなのよね。自分のことしか考えないのよね」と同感しきりでしたが、男性は「それのどこが悪いの？　いい夫じゃない」という反応だったのです。ここにも、家事に対する男女の温度差がうかがわれます。

ともあれ、こんなに「働いている」主婦も、社会的には、「アンペイド・ワーク（支払われない労働）」の担《にな》い手《て》として、一段低い存在のように考えられてしまう傾向があります。男性でも収入の多い人がもてはやされる現代社会にあって、「稼《かせ》がない」主婦は低くみられてしまうのです。

友人の主婦たちによれば、そうした主婦の心を理解し、たたえてくれる人はごく少ないといいます。そうしたなかにあって、ＳＧＩ会長が、女性の多くを占める主婦に対し、あたたかいまなざしを向け、心のひだに分け入るように言葉をかけ、賞讃《しょうさん》してくれるのは、人間として認められる「とてもうれしいこと」なのです。

ＳＧＩ会長は、「主婦というものを積極的に正しく位置づけることが本当の意味で女性解放につながる」とも指摘しています。

もっとも、主婦を重視し、たたえるからといって、会長がそれ以外の生き方を軽視しているわけではないのは言うまでもありません。一つの偉大な生き方として、主婦の心に寄《よ》り添《そ》い、エールを送っているのです。そして、主婦たちがさらに視野を拡大し、他者のため、社会のために価値を生んでいくよう、大きな期待を寄せているのです。

主婦たちへのエールにかぎらず、ＳＧＩ会長が強調しているのは、女性が人間として堂々と生きていくことの大切さです。

「女性であるとともに、人間としての確立が必要である。むしろそれが根本的には、第一義の問題になる。どのようなことがあっても、崇《すう》高《こう》に、強靭《きょうじん》に生ききれる人間としての強さ、そしてまた福運というものを養っていくことが大切であろう」（『新・女性抄』）

そして、次のように指摘しています。

「少し厳《きび》しい話になるが、人生において、いつまでも妻であり、母であることはできない。極端《きょくたん》な例をいうようだが、妻としての幸福のみを追い求めても、それは夫の存在によって左右されるものである。そしてその夫は、また絶対的存在ではあり得ない。事故や病気で先立つかもしれない。

母親としての身も同様である。どんなに子どもに愛情を注いだとしても、その子の人生にどのような運命が待ち受けているか、はかり知ることは不可能であろう。

ましして、成人し、自分の家庭を持つようになっていったとき、母親から離れていくことは、また当然の道理である。

妻の座《ざ》にいたずらに安住して、他者に依存した幸福のみを追い求めるならば、子どもを独立させ、伴侶《はんりょ》を失った後に残るものは、ポッカリ口をあけた多大な空洞《くうどう》であろう。人生の終盤をそうした空虚な中にすごさなければならないとすれば、寂《さび》しいことだ。

いかなる人生であれ、究極的に帰結するところは、人間として、どのように生きるか、ということである。言い換えると、人間として幸福であったかどうかということが、その人の人生全体の総決算となる」

（『幸福抄』）

ＳＧＩ会長は、長い間「業《ごう》が深い」とか「穢《けが》れている」などと言われ、伏《ふ》し目がちに、遠慮《えんりょ》がちに生きてきた女性たちに向かって、背筋《せすじ》をピンと伸ばして生きていくよう、折々に励ましを送っているのです。

＊

仏法に基盤を置く徹底した男女平等思想に立ち、女性たちの奮闘《ふんとう》を讃嘆《さんたん》してやまない池田ＳＧＩ会長。その姿は、創価学会員ではない識者たちにも新鮮《しんせん》な驚きを与えています。たとえば、人材育成コンサルタントの辛淑玉《シンスゴ》氏は、インタビューで次のように述べています。

「今、男女共同参画についてさまざまな情報が飛び交《か》っていますが、私が知る限り、はっきりと『女性を尊敬せよ』と発言されたのが創価学会の池田名誉会長です。『私は信ずる。女性を差別する男性は、人格的にも最低であり、前世紀の遺物《いぶつ》である……女性の人格を尊敬し、彼女の活躍を心から喜べる男性が増えなければ、いつまでたっても、女性に理不尽《りふじん》な負担をかけ続けることになる』と。（中略）社会でリーダーと呼ばれる人で、ここまで明言した人が他《ほか》にいたでしょうか?」（『インタビュー　外から見た創価学会』）

池田SGI会長の提唱

池田SGI会長が著作やスピーチなどで提示されてきた女性論のうち、とくに高く評価されているのが、会長就任《しゅうにん》後の早い時期から一貫して、「二十一世紀は女性の世紀である」と提唱しつづけてきたことです。

いまでこそ、「二十一世紀は女性が主役です」と誰かが言っても、目《め》新《あたら》しいことではないかもしれません。各国で女性の社会進出が劇的《げきてき》に進み、各界を見渡しても女性たちが元気に活躍しています。いまや世のトレンドも女性たちが作り出している側面が強く、「女性の目線」を忘れてヒット商品は生まれません。

しかし、SGI会長が創価学会会長であった一九六〇年代から七〇年代には、そうした提唱は先駆的《せんくてき》だったのです。たんに提唱しただけではありません。SGI会長は、二十一世紀を「女性の世紀」としゆくための広範《こうはん》な行動も展開してきました。そして、学会の婦人部・女子部こそが来《きた》るべき「女性の世紀」を担《にな》う主役となるようにと、学会組織を整備し、指針を与えてこられたのです。

ここでは、「女性の世紀」提唱の時代背景と、二十一世紀を「女性の世紀」としゆくためにSGI会長が打ってきた手を、概観《がいかん》してみましょう。

池田ＳＧＩ会長が創価学会第三代会長に就任したのは、一九六〇年五月三日のことでした。牧口常三郎初代会長、戸田城聖第二代会長も、仏法を根底にした平和と文化の運動である広宣流布の活動における女性の役割に大きな期待を寄せていましたが、学会のなかで女性が活躍する場が飛躍的《ひやくてき》に拡大していったのは、池田会長時代になってからのことです。

一九六〇年代といえば、日本も世界も激動の時代でした。アメリカではベトナム戦争が泥沼化《どろぬまか》し、マーティン・ルーサー・キング牧師らによる公民権運動や、ベティ・フリーダンの書『新しい女性の創造』などに端《たん》を発《はっ》した女性解放運動、ネイティブ・アメリカンなどの少数民族による権利回復運動が盛んになり、学生運動やカウンター・カルチャー（対抗文化。伝統的な主流文化に対抗する文化のことで、「ヒッピー文化」などがそれにあたる）も勢《いきお》いを増しました。

日本でも、学生運動や安保闘争が展開され、騒然《そうぜん》たる雰囲気《ふんいき》が社会をおおいました。SGI会長が、創価大学の開学を一年早め、一九七一年としたのは、入試中止や長期休講、キャンパスへの機動隊出動といった大学をとりまく諸状況に対応するためであったといいます。

ちなみに、私の大学院での指導教授であった樺《かんば》俊雄先生は、東大生であった娘・美智子さんを、六〇年安保闘争でのデモの最中に亡くしました。その直後、面識のない池田会長から書籍《しょせき》が届けられたそうです。思いがけないことで、とても感動したと話してくれました。その縁もあり、創価大学開学の際に教員としてはせ参じ、学生の育成に全力を注いでくれたのです。

さて、一九七〇年以降、各地でウーマンリブの波が高まり、大学や地域の講座で女性学が教えられるようになりました。さらに一九七五年の「国際女性年」に始まる「国連女性の十年」のキャンペーンにより、女性をめぐる問題に対する世界的規模での取り組みに拍車《はくしゃ》がかかり、世界女性会議も回を重ねます。

そうした動きは、日本の女性たちにも影響を与え、日本にもウーマンリブの波が押《お》し寄せ、女性学も学ばれ始めます。また、女性のライフスタイルもしだいに多様化し、働く女性の数も飛躍的《ひやくてき》に増大していきました。

そのような社会状況を背景に、池田第三代会長は、仏教の基本的な女性観を示すとともに、創価の女性たちに多様な指針を与えていきました。その指針の代表的なものが、後述する婦人部への指針「婦人部に与う」（一九六三年二月発表）です。

創価の女性たちがより生き生きと活動するための組織整備も進められていきました。たとえば、従来の婦人部のなかに働く女性の職業別グループを発足《ほっそく》させたり（一九六七年）、若い母親たちを中心とした「ヤング・ミセス」セクションを組織化したり（一九七四年）、「婦人平和委員会（現・女性平和委員会）」を結成したり（一九八〇年）……。また、女性たちを主役とした文化運動にも力を入れていきます。

池田会長は就任《しゅうにん》以来、海外の女性メンバーにも渾身《こんしん》の激励・指導をつづけ、海外の女性識者たちとも対話を重ねていきました。とくに、一九七五年にＳＧＩ会長に就任すると、そうした海外へのアプローチはさらに活発になっていったのです。

ＳＧＩ発足と同時に、社会をよりよい方向へ変えようとする外部の諸団体との連携《れんけい》も強められていきました。たとえば、ＳＧＩは一九八三年に国連経済社会理事会のＮＧＯに登録され、以後、平和・人権・持続可能な開発などの分野での運動を展開してきました。

ＳＧＩは、二〇〇〇年六月にニューヨークの国連本部で開催された、国連特別総会「女性二〇〇〇年会議」にも、ＮＧＯとして代表を派遣《はけん》しました。私もその一人として参加させていただき、ニューヨークの青空のもと、各国を代表する女性たちとの交流を深めてきました。

そして現在、ＳＧＩは、世界一九二カ国・地域（二〇〇九年一月現在）という地球的ネットワークを持ち、民衆レベルで世界平和の活動を展開しています。そのなかで女性たちが重要な役割を果たしていることは、言うまでもありません。

創価の女性たちこそ「真の女性解放の先駆者」

「二十一世紀は女性の世紀」という言葉は、いまでは社会のさまざまな場面で使われています。たとえば、政府による「男女共同参画基本計画」などの公文書にも、キャッチフレーズ的に使われているのをしばしば目にします。

では、世にあふれた聞き心地のよいキャッチフレーズとしての「二十一世紀は女性の世紀」と、SGI会長が提唱してこられた「女性の世紀」の理念は、同じものでしょうか？　私は、若干《じゃっかん》、異なるものだと考えています。

いわゆる第一次フェミニズムは政治や法律における男女平等を目指《めざ》し、第二次フェミニズムは制度が整ったあとにも残る差別意識の解消を目指しました。そうした挑戦はいまもつづいています。

しかし、SGI会長の言われる「女性の世紀」は、第一次フェミニズムが目指した社会制度における男女平等の実現や、第二次フェミニズムが目指した社会通念における男女平等意識の定着を基盤としながら、さらにそれらを超えて、新たな価値観を提示するものだと思われます。

たとえばSGI会長は、二〇〇一年の「『SGIの日』記念提言」のなかで、二十一世紀を「生命の世紀」「生命尊厳《そんげん》の世紀」にしていかなければならないと主張し、つづけて次のように述べています。

「そうした二十一世紀への歩みを開始するにあたって、私がとくに強調しておきたいのは、女性の役割がきわめて大きくなるであろう、また、そうしなくてはならない、ということです」とし、「二十一世紀における女性の存在の重みは、法律面や経済面での『解放《かいほう》』(それも大事ですが)をはるかに超えた、文明史的な意味をもっています。(中略)
『生命の世紀』とは『女性の世紀』の異名でもあるといえましょう」
この言葉からも、SGI会長の目指す「女性の世紀」が、ただたんに「男女平等を実現した世紀」という意味ではないことがわかります。
かりに、この世界を現状のままにして、そこに完全な男女平等が実現したとしましょう(もちろん、それだけでもすごいことですが)。しかし、それは、必ずしも女性たちの幸福にはつながらないでしょう。なぜなら、男性たちが生きる過酷《かこく》な環境の真《ま》っ只《ただ》中に、女性たちも「男なみに」放り込まれることを意味するからです。だからこそ、池田SGI会長は、〝女性の世紀は生命尊厳の世紀でもあらねばならない〟と、まず価値観の転換こそが急務であると主張しているのです。

わかりやすくいえば、ＳＧＩ会長の言う「女性の世紀」の実現とは、たとえば、過労死をするほど働く男性の陣列《じんれつ》に女性が加わることではなく、男性も女性も過労死をしなくてすむような労働環境を実現することです。あるいはまた、女性も軍隊で平等に幹部に登用されることではなく、軍隊を必要としない世界を実現することなのです。

要するに、「女性の世紀」とは、人間が人間らしく生きられる「人間の世紀」「生命尊厳の世紀」として提唱されていると言えましょう。この実現は、老若男女《ろうにゃくなんにょ》すべてが目指《めざ》すべきことであるのは言うまでもありませんが、とりわけ、その闘いの先頭に立っているのは、じつは創価の女性たちなのです。

……そんなふうに言うと、唐突《とうとつ》な印象を持たれる方もいるかもしれません。というのも、創価の女性たちには、自分たちの日々の活動が

「女性解放運動」だとは思っていない方も多いからです。

しかし、ほかならぬ池田ＳＧＩ会長が、一九六三年二月に発表された婦人部への指針「婦人部に与う」のなかで、次のように明言しているのです。

「創価学会婦人部こそ、妙法をだきしめた、真の女性解放の先駆者《せんくしゃ》である」

この「婦人部に与う」は、『大白蓮華』の同年三月号に会長の「巻頭言《かんとうげん》」として掲載《けいさい》されましたが、それに先立って、東京・台東体育館で開かれた二月度婦人部幹部会で発表されました。

席上、婦人部の幹部によって全文が朗読《ろうどく》されると、参加者の多くは電撃《でんげき》に打たれたような感動を味わったといいます。なぜなら、彼女たちの多くはその日まで、自分たちの学会活動に「女性解放」としての意義があるなどとは考えたこともなかったからです。

池田SGI会長の小説『新・人間革命』第七巻「操舵《そうだ》」の章に、このときの幹部会の模様《もよう》が描かれています。その一節を引きましょう。

「彼女たちの多くは、経済苦や病苦にあえぎながら、自身の、わが家の宿命転換を願い、ただ幸福になりたいとの一心で、懸命《けんめい》に信心に励んできた。

しかし、信心の目的は、それだけではなく、『女性解放』という、もっと大きく崇高《すうこう》な使命を果たすためであることを自覚したのである。

『女性解放』とは、単に制度などの社会的な差別からの解放にとどまるものではない。いっさいの不幸からの解放でなければならない。彼女たちは、自らの体験を通して、その唯一《ゆいいつ》の道が日蓮仏法にあることを確信することができた」と。

さらに、創価の女性たちこそ「女性解放の先駆者である」と言い得るもう一つの理由があります。それは、「真の女性解放」とは、欲望と結びついた「小我《しょうが》」（個人的自我）にとらわれず「大我《たいが》」（宇宙的・普遍的自我）に生きることのなかにある、ということです。

日本の女性解放運動の偉大な先駆者である平塚らいてうは、名高い「元始《げんし》、女性は太陽であった」のなかで、次のように述べています。

「私どもは隠されてしまった我が太陽を今や取戻さねばならぬ。『隠《かく》れたる我が太陽を、潜《ひそ》める天才を発見せよ』。（中略）我れ我を遊離《ゆうり》する時、潜める天才は発現する」

らいてうの言う「隠れたる我が太陽」「潜める天才」とは、仏法でいう「大我」のことであり、「我を遊離する時」の「我」とは「小我」のことと考えられます。同じ文章のなかで彼女は釈尊の悟達《ごたつ》に言及し、悟達によって釈尊は「全自我を解放した大自覚者となった」と述べているのです。

らいてうの目指した女性解放とは、たんに制度上の男女平等のことではなく、女性たちが自身の小我にとらわれて生きることをやめ、大我に生きることであったともいえましょう。

そして、創価の女性たちが信仰を通じてそれぞれ成し遂げていく「人間革命」とは、言いかえれば「小我を捨てて大我に生きる」ようになるプロセスにほかなりません。

創価の女性たちは、最初はまず自分の悩みの解決を目指《めざ》して入会してきます。その時点では自分の悩みだけで手いっぱいでしょう。私自身もそうでした。しかし、学会活動に邁進《まいしん》し、唱題に励《はげ》むなかで、しだいに他者のことを我がことのように思いやれる女性に変わっていきます。そして、やがては広く社会に目を開き、心の底から世界平和を、世界の人々の幸福を祈れる女性になっていくのです。

ＳＧＩ会長は目指すべき女性像について、小説『新・人間革命』十七巻の「希望」の章に次のように書かれています。

「――従来、日本の女性教育にあっては、多くは『良妻賢母《りょうさいけんぼ》』が、その理想とされた。だが、家事をやっていればよいという生き方では、人類の悲願である平和実現に寄与する大きな力とはなりえない。広く社会的な見識と、人生についての英知をもち、地域を、社会を舞台に活躍していける女性でなければならない。

しかし、だからといって、家庭などを捨てて、職業婦人として自分の専門分野で力をつければよいというものでもない。要請《ようせい》されるのは、家事であれ、仕事であれ、立派にこなし、豊かな個性をもち、文化や政治などの社会的な問題に対しても積極的に関《かか》わり、創造的な才能を発揮《はっき》していくことのできる人である。つまり、なんでもこなしていける〝全体人間〟である。それこそが、これからめざす女性像である――」

さらに、小説『新・人間革命』十八巻の「前進」の章には次のようにもあります。

「社会建設の真の主役は女性であり、その英知と行動こそが、平和と民主の人間主義の時代を開く原動力となる」と。

いまや一九二カ国・地域にまで広がった世界各国のSGI組織で、たくさんの女性たちが、そうした道のりを歩んでいます。彼女たちこそ、池田SGI会長の目指す「女性の世紀」を築きゆくトップランナーなのです。

第3章

微笑み大使——池田香峯子夫人に学ぶ

創価の女性たちについて語るうえで欠かすことのできないのが、池田香峯子《かねこ》・SGI会長夫人をめぐる視点です。

昨今、SGI会長とともに数々の歴史を刻《きざ》んでこられた香峯子夫人に対して、さまざまな機関からの顕彰《けんしょう》が相次いでいます。なぜ、世界は香峯子夫人に注目するのでしょう。そして、そこから私たちは何を学ぶことができるのでしょう。

SGI会長の「第一の戦友」

世間にはさまざまな形のご夫婦がいます。友人のご夫婦や、メディアに見る夫婦像、映画や小説における夫婦像を見ると、十人十色ならぬ「十組十色」であると実感させられます。

「素晴らしいな。あんな夫婦になりたいな」と思わせるカップルもいますが、なかには、「絶対ああいうふうにはなりたくない」と思わせる、反面教師のようなカップルがいるのも事実です。SGI会長ご夫妻は前者の典型であり、理想の夫婦像の一つと言えるのではないでしょうか。

SGI会長ご自身が、望ましい夫婦のありようについて、次のように述べています。

「結婚生活とは、一人の男性の奏《かな》でる旋律《せんりつ》と、一人の女性の奏でる旋《せん》律《りつ》との交響曲であり、その和音を豊かなものにするために、たえざる人間対人間の誠実な心の交流があるべきではなかろうか」(『新婦人抄』)

まさにSGI会長ご夫妻こそ、両者の奏でるメロディーが、えも言われぬハーモニーとなって響きわたり、周囲の人々に幸せを運ぶ――

そんなご夫婦ではないでしょうか。

香峯子夫人について、SGI会長は折に触《ふ》れて語られています。たとえば、二〇〇五年に出版されてミリオンセラーとなった夫人へのインタビュー集、『香峯子抄』でも、会長が夫人について語る言葉が随所《ずいしょ》にちりばめられています。そのなかの印象的な一節を引きましょう。

「妻は、私が寝《ね》たあとも、会員の方々からの御手紙や報告に目を通してくれておりました。深夜、人知れず、ひとり深々と、私の体調を案じて、祈ってくれる妻でした。厳《きび》しい難のときも、正義の絶対の勝利を確信して、断固《だんこ》と祈り抜いてくれた妻でした。

私の勝利は、妻の勝利です。

……妻は私にとって、人生の伴侶《はんりょ》であり、ときには看護師《かんごし》であり、秘書であり、母のようでもあり、娘か妹でもあり、何より第一の戦友

常に微笑みを絶やさない夫人を、池田SGI会長は“第一の戦友”と（2005年、東京）

です。

妻に感謝状をあげるとしたら、『微笑《ほほえ》み賞』でしょうか。あらゆる意味を、そこに込めて。（中略）妻との結婚は、私の人生にとって、かけがえのない幸せでした」

また、『母の舞』には、次のようにあります。

「妻は、私の半世紀におよぶ精神闘争の〝戦友〟である。……すべての仕事は、妻とともに開拓《かいたく》し、苦労し、成し遂げてきたものである。表は私であっても、すべて共同作業であったといってよい」

「何より第一の戦友です」「精神闘争の〝戦友〟である」という言葉が、とくに目をひきます。

私たちが数々の写真や、本部幹部会の衛星中継などで目にする香峯子夫人の姿は、物静かで優《やさ》しい微笑みを浮かべた女性という印象で、

「戦う女性」というイメージとはかけ離れています。私自身、香峯子夫人はＳＧＩ会長の影に寄り添《そ》い、言葉少なく、静かに微笑んでいらっしゃる女性というイメージを抱いていました。

しかし実際には、会長ご自身が語られるように、そうしたイメージは香峯子夫人の一面でしかないようです。素顔の夫人は、優しくあたたかい女性であると同時に、烈烈《れつれつ》たる闘志《とうし》と強靭《きょうじん》な意志力を秘《ひ》めた「戦う女性」でもあるのです。

私自身、わずかな機会ですが、ご夫妻の行動を目《ま》の当たりにしたことがあります。創価大学の学生としてお会いする機会を得たり、若手教員として研修に参加させていただいたり、勤務する東洋哲学研究所を訪問されたご夫妻と懇談《こんだん》の機会を持っていただいたり、識者との会見に同席させていただいたりした折のことです。

そうした機会に間近《まぢか》に接した香峯子夫人の姿は、SGI会長が「第一の戦友」と呼ばれるにふさわしいものでした。

静かに微笑んでおられるだけではありません。夫人は、同席者の誰よりも状況を把握《はあく》され、全体に気を配られて、周囲の方々にてきぱきと指示を出されたり、SGI会長の問いに的確《てきかく》に答えられたりしていたのです。会見の相手についても、夫人ご自身が事前にくわしく学ばれ、確認されていた様子がうかがわれました。私は、緊張しつつも、夫人のさりげなくも的《まと》を射《い》た行動に、多くのことを学ばせていただく思いでした。

また、私自身の体験ですが、二〇〇四年に創価大学から博士号を取得した直後に、会長ご夫妻にお会いする機会がありました。報告のために近づいた私に、まっさきに気づいてくれた香峯子夫人が、自ら

「博士号を取られた栗原さんですよ」とSGI会長に伝えてくださったのです。そして、ご夫妻ともども、喜んでくださり、激励をしてくださいました。私は、とてもうれしかったのと同時に、私ごときの報告内容を夫人がご存じであったことに、たいへん驚いたものです。

香峯子夫人のもとには、全世界のSGIメンバーから、日々膨大《ぼうだい》な報告が入っていることでしょう。にもかかわらず、夫人はその報告の一つひとつを的確に把握して、SGI会長をアシスト（補佐）されているのです。こうした体験は、私のみならず、多くの人が持っているようです。また、夫人から丁重《ていちょう》なお手紙をいただいた方々の話をうかがったこともあります。

SGI会長にとって、識者との会見や会合での指導などが、すべて真剣勝負の闘《たたか》いであることは言うまでもありません。そして、会長の日々の激務をいちばん近くで支える香峯子夫人にとっても、それはやはり「闘い」なのでしょう。

香峯子夫人がすごいのは、そうした「闘い」の場にあっても、ピリピリした緊張感をけっして表に出さず、楚々《そそ》とした微笑みで周囲の緊張を解く役割を果たしてこられたことです。静かな微笑みの底に、ただならぬ闘志を秘めて日々闘っておられる女性――それが、私が見た香峯子夫人なのです。

以上は、私の管見《かんけん》ですが、そのように感じているのは私だけではないようです。近年、SGI会長とともに香峯子夫人も名誉称号《しょうごう》などを授与される事例が増えてきたことが、その何よりの証左《しょうさ》でしょう。夫人への相次ぐ顕彰《けんしょう》は、「夫人の貢献《こうけん》があってこそSGI会長の活躍《かつやく》もある」ということが、内外の識者や各機関に正しく理解されてきたからにほかならないのです。

二〇〇七年の香峯子夫人の誕生日に、ブラジルのマリンガ市から名誉市民称号が贈られましたが、その際の局長のあいさつが心に残りました。

「香峯子夫人は、ＳＧＩ会長とともに世界を訪問し、多くの識者と対話を続けておられます。ブラジルには、〝偉大な男性の後ろには偉大な女性がいる〟という言葉がありますが、これは適切ではありません。優しい笑顔で光る香峯子夫人の姿から、〝偉大な男性の『隣《となり》に』偉大な女性がいる〟と申し上げたいのです」

女性識者たちとの交流

私は職業柄、多くの識者たちと会い、創価学会やＳＧＩ会長についてて語り合う機会があります。そうしたなかでつねづね感じていることは、とくに女性識者や識者の夫人たちが、香峯子夫人を深く敬愛《けいあい》しているということです。その事例を紹介しましょう。

二〇〇三年七月に、イタリアのトリノ大学で「国際宗教社会学会大会」が開催された際、同学会のメンバーである私も、研究報告を行うためにトリノを訪《おとず》れました。現地で、ともに同学会の元会長であるカール・ドブラーレ、リリアン・ヴォワイエ博士ご夫妻と懇談《こんだん》する機会がありました。その折、お二人は、まっさきに声をそろえて、「池田先生ご夫妻はお元気ですか。くれぐれもよろしくお伝えください」と言われました。

さらに、ヴォワイエ博士は、「奥様は、私がいままで出会った女性のなかで、いちばん素晴らしい女性です。奥様にお会いできて本当にうれしく思いました。ぜひ、お元気で、いつまでもご活躍されるよう、お伝えください」とつけくわえられたのです。

ドブラーレ博士はSGI会長夫妻と何度か会見をしたことがあり、一九九六年一月の長時間にわたる会見ではヴォワイエ博士もご一緒《いっしょ》でした。その際には私も同席させていただきましたが、ヴォワイエ博士はそのときの会見の様子について、後日、次のように述べています。

「私は池田会長にはー度だけしかお目にかかっていませんが、そのオープンさ、人の話をよく聞く姿勢には感動しました。それと、人に対する配慮のすばらしさです。初めてお会いしたのに、昔からの知り合いのような感じがして、とても親近感をいだきました。
奥さまの香峯子夫人もすばらしい方ですね。メンバーのことはもちろん、これまで出会われた人たちについてさまざまなことを覚えておられる池田ＳＧＩ会長ですが、それには奥さまの支えが欠かせないのではないでしょうか」（『世界の識者が語る　池田大作ＳＧＩ会長との出会い』）
ヴォワイエ博士自身、ドブラーレ博士のパートナーとして、ともに優《すぐ》れた業績をあげている方だけに、香峯子夫人の素晴らしさをより深く理解することができるのでしょう。
池田ＳＧＩ会長が海外の識者・指導者と会見を行う際、その多くに香峯子夫人が同席してこられたことは、よく知られています。そして、会見した識者・指導者の多くが、ＳＧＩ会長のみならず、香峯子夫人にも忘れがたい印象を受けるようです。だからこそ、ＳＧＩ会長への顕彰《けんしょう》のため来日する各国の識者が、学術称号《しょうごう》授与式などのスピーチで必ずと言ってよいほど香峯子夫人をたたえるのです。

SGI会長と友情を結んだ各国の識者・指導者の多くが、香峯子夫人の優しさ、聡明《そうめい》さをたたえています。そのすべてを引用したら、たちまち本章の紙数が尽《つ》きてしまうほどです。ここではあと三人ほど、女性の識者にしぼってそうした言葉を引用してみましょう。

SGI会長と対談集『地球対談　輝く女性の世紀へ』を編《あ》んだ、米国の未来学者へイゼル・ヘンダーソン博士は、SGI会長夫妻のパートナーシップに注目し、次のように語っています。

「私は二十一世紀を〝男性と女性のパートナーシップの世紀〟にすべきだと考えています。池田先生と奥さまにお会いして、お二人はすばらしいパートナーだと思いました。役割が違うのは当たり前ですが、お互いにとても尊敬しあっています。対等なのが感じられます。本当のパートナーシップがどれほど美しいものか。そのよい模範《もはん》ではないでしょうか」（『世界の識者が語る　池田大作ＳＧＩ会長との出会い』）

また、ＳＧＩ会長と対談集を編んだルネ・ユイグ氏の夫人リディ・ユイグ氏は、香峯子夫人と語り合ったときの印象を、次のように述べています。

「仏法で説かれている〝慈愛《じあい》〟他人を思いやる心は、香峯子夫人に見られる独特の美点です。私はそうした心をもっていらっしゃる夫人にたいへん愛着を感じています」（『世界の識者が語る　池田大作ＳＧＩ会長との出会い』）

最後に、北京大学に池田大作研究会を創設し、会長となった賈蕙萱《かけいけん》氏の言葉です。

賈氏には、私も日本と中国で何度かお会いしたことがあり、生前のご主人ともお会いしたことがあります。とても素敵《すてき》なご夫婦で、深い信頼の絆《きずな》で結ばれていることを感じました。賈氏は、SGI会長のリーダーシップを高く評価し、そのもとで展開されている創価学会の女性運動の重要性を評価しています。そしてなかんずく、香峯子夫人の生き方に大きな共感を寄せているのです。

以下に引くのは、賈氏が『聖教新聞』に寄稿《きこう》した、「『香峯子抄』を読み終えて」という一文の一節です。

「香峯子女史は善良にして優しい妻であり、忍耐《にんたい》強い母親であり、いたれり尽《つ》くせりの看護師であり、優秀な秘書であり、まさに女性のお手本であられる。その根拠《こんきょ》は、すべて、この本の中に盛り込まれている」

「さらに感動的なのは、たとえ、いかなる出来事に遭遇《そうぐう》しようとも、泰然自若《たいぜんじじゃく》として断じてひるまず、臨機応変《りんきおうへん》に見事に対処されることである。これは実に、成しがたいことである。

私自身、夫が亡くなったとき、地に転《ころ》げ落ちてしまわんばかりであった。しかし、本書を読み、私はそこに『女性の手本』を見いだした。香峯子女史の心、姿勢、行動は、実に人の心を打ち、深い啓発《けいはつ》を与えてくれるのである。

私は、こう思わずにはいられない。香峯子女史は、なぜかくも偉大でありえるのか、と。

私の浅見《せんけん》によれば、これは、ひとえに、女史自身が、戸田先生という恩師のもと、師弟不二の実践《じっせん》を通して確固《かっこ》たる信念を持ち、胸中に『勝利』の一念を抱《いだ》きつつ、長年にわたって自らを修練し続けたからにほかならない。

一言で要約すれば、本書は香峯子女史が非凡な女性であることを証明して余りあるものである」と（『聖教新聞』二〇〇五年五月二四日付）。

以上、何人かの女性識者の香峯子夫人観を見てきましたが、それぞれに独自の視点から夫人を評価しているのが興味深く思われます。

今後、香峯子夫人への賞讃《しょうさん》はますます高まっていくでしょう。そして、賈蕙萱氏が言うように、創価の女性たちにとって、香峯子夫人は女性としていきいきと輝《かがや》いて生きるための、最高の「お手本」でありつづけることでしょう。

第4章

楽しく、幸せに、輝いて生きるための指針

女性たちの蘇生《そせい》のドラマ

人間は、生きているかぎりさまざまな問題に直面します。何もない無風状態で生涯を過《す》ごす人は、ほとんどいないでしょう。悩みも苦しみも、事故も病気も、人間関係の問題も、つねに人生にはつきまといます。

創価の女性たちは、それらの一つひとつを、仏法の深い哲理《てつり》と、同志からの励ましと、なかんずく人生の師匠との誓《ちか》いをバネに、見事に乗り越え、桜梅桃李《おうばいとうり》の花を咲かせてきました。

そうした蘇生《そせい》のドラマの数々は、『聖教新聞』『大白蓮華』をはじめとする機関紙誌や体験談集で紹介され、同じ悩みと闘《たたか》う女性たちに勇気と希望を与えています。

ここでは、そうした体験のいくつかをご紹介したいと思います。

① 家庭における実証

私もよく存じ上げている、獣医師《じゅういし》で創価学会の学術部員（学術研究者のグループ）の日高朋子さんは、夫とともに動物病院を経営し、〝おなご先生〟の名で親しまれています。現在、仕事にも創価学会の活動にも全力で取り組み、地域の諸活動にも積極的に参加し、輝《かがや》く日々を送っています。その体験は、『白ゆりの輝き』にも紹介されているので、ひもといてみましょう。

日高さんの戦いは、結婚とともに始まりました。獣医師の夫は、結婚の際、日高さんが語る仏法の話に共感し、創価学会に入会。そして、義父母との同居生活が始まります。

「創価学会の嫁《よめ》が来た」。心ない周囲の声、無理解な中傷《ちゅうしょう》が耳に入ります。しかし、日高さんは、「わかってくれる日が必ず来る」と確信し、信仰の炎《ほのお》は消しませんでした。

家庭にあっては、「嫁は家にいるもの」「家事は、すべて嫁がやるもの」という家風で、買い物以外、外出はほとんどできなかったそうです。仕事と家事・育児に追われるなか、信仰活動はほとんどできなくなりましたが、同志の激励に勇気づけられ、信仰に励《はげ》みます。

一九八七年、獣医師であり、町会議員でもあった義父が、前立腺腫《しゅ》瘍《よう》で他界《たかい》。日高さんの信仰を、そっと黙認《もくにん》してくれた義父でした。日高さんは、子どもの成長とともに、地元のＰＴＡ活動にも参加。時間をやりくりしながら、学会活動に参加できる機会も、徐々に増えていきました。

二〇〇四年、夫が仕事中に突然、けいれんを起こし、意識不明に。早急な処置で事なきを得ましたが、このときの検査で前立腺腫瘍が見つかり、直《ただ》ちに手術。発見が早かっただけに、転移もなく、患部切除《かんぶせつじょ》で終わりました。義父が同じ病気で他界しており、日高さんは「信仰によって守られた」と確信したそうです。

いまでは、日高さんの最大の理解者となった義母の八千代さんは、「いい嫁さんだよ。私は幸せで、何も言うことはありません」と語っているそうです。また、夫も、「妻は、仕事も家事も、本当によく頑張ってくれました。元気に信仰活動に出掛けると、家の中が明るくなります」と。息子さんは、現在、獣医師の見習い修業中で、両親のあとをついで動物病院で働くことを楽しみにしているそうです。

周囲の無理解のなか、一歩もひかず信仰の道を走りぬいた日高さん。

すべての願いを成就《じょうじゅ》し、今日もまた友のために走っているのです。

② 社会における実証

私はここ十数年にわたり、創価大学通信教育部で授業を担当させていただいています。夏や秋のスクーリングは、とても楽しみな行事です。使命感に満ちた、素晴《すば》らしい老若男女《ろうにゃくなんにょ》の学生さんたちに囲まれ、大きな感動をもらえるからです。印象に残る多くの学生さんがいましたが、そのなかの一人を紹介させていただきます。

五十歳代の女性のOさんで、建設会社の社長です。「女性学入門」を受講していました。若くして結婚し、夫が経営する建設会社をともにもり立て、確実な仕事で地域でも評判の会社へと育て上げました。しかし、子どもも独立し、夫婦二人の生活が始まった直後、夫が病《やまい》で倒れ、他界《たかい》してしまったのです。

夫の遺志《いし》をつぎ、副社長だったOさんが社長に就任しました。仕事を再開し、得意先にあいさつに行ったときのことです。「女をよこすなんて、うちの会社を甘《あま》くみているのか」「男が来なければ契約《けいやく》はしない」などの言葉を投げつけられたのです。

Oさんは社長です。しかし、男の仕事というイメージが強い建設業界にあって、いくら社長でも女性では顔が立たないというのです。いままで取引をしていた会社にまでそう言われ、Oさんはくやしくて、また情けなくて、陰で泣いたそうです。それでも、社員たちには、「立派な仕事をしていれば、必ずわかってもらえる」と、楽観主義の笑顔《えがお》を通しました。

真剣で誠実な仕事ぶりに、「女でもけっこうやるじゃないか」との評価が高まり、夫が亡くなる以前にもまして仕事が増えていったのは、数年後のことでした。

現在、Oさんは、男女かかわりなく意欲のある人材を採用、登用し、持てる力を存分に発揮《はっき》してもらえる環境を整えています。最近は建設業界に進出する女性も増え、彼女たちに大いにエールを送っているということです。

③ 地域貢献の実践

最後にご紹介したいのは、若くして農家に嫁《とつ》いだAさんの例です。いわゆる都会育ちのAさんは、縁あって山間地で農業を営《いとな》む一家の長男と結婚しました。覚悟はしていたものの、新しい生活のなかでの慣《な》れない農作業や、長男の妻としての役割に、とまどい、悩む日々が始りました。

子どもが誕生すると、うれしい一方で、ますます仕事が増え、体力不足もあって、「やっていけるのだろうか」と限界を感じることもあったといいます。

そんなとき、相談相手になってくれたのは、意外なことに、「犬猿《けんえん》の仲《なか》」であるはずの姑《しゅうとめ》でした。姑は、山間の地にあって地道に信仰を貫《つらぬ》いてきた女性です。もちろん、世代も生活習慣も違う二人の女性。衝《しょう》突《とつ》や対立がないはずはありません。

Aさんは、どちらかというとものごとをはっきり言うタイプ。おかしいものはおかしい、いやなものはいやと。姑は、そんなAさんを理解しようとして、徹底的に話し合い、作業方法や作業時間などを変えていったのです。

二人には、「嫁姑」という以上に、同志として相手を思う心と、すべてをよい方向に向けていこうとする決意がありました。大声で言い合いをしながら、同時に大声で笑い合う二人に、地域の人たちは「仲のいい嫁姑だ」とうわさをするようになっていました。

姑の配慮《はいりょ》もあって、しだいに農作業にも慣れていったAさんは、同じような境遇《きょうぐう》の女性たちに目を向けます。そして、地域の若妻たちのグループのリーダーとして、みんなが喜ぶ企画を次々と提案し、沈滞《ちんたい》気味《ぎみ》だった山間地に新風を吹き込んだのです。創価学会の活動でつちかったノウハウが役立ちました。

姑のほうも、Aさんの活躍《かつやく》ぶりを喜びながら、同年代の女性たちを集めては、カラオケ大会や食事会などを催《もよお》し、地域に女性たちの友好の輪を広げていきます。地域の人におされ、農協の役員にも選ばれました。この素晴らしい二人の女性は、土に生きる誇《ほこ》りを胸に、地域に幸《さち》の花を咲き誇らせているのです。

桜梅桃李の利他の実践

以上、いくつかの例を通して見てきたように、創価の女性たちは、視野を拡大させ、積極的に地域貢献《こうけん》、社会貢献の実践を行ってきました。そうした活動は、多くの識者からも高く評価されています。

池田SGI会長と対談集『美しき獅子の魂』を編《あ》んだブルガリア、ソフィア大学教授のアクシニア・ジュロヴァ博士もその一人です。私も何度かお会いしたことのある博士は、ブルガリアでテレビ番組も持っていた著名《ちょめい》な識者で、お孫《まご》さんもいるチャーミングな女性です。

博士は、対談集のなかで「（創価）学会の運動は、保守的で伝統的な女性観を克服《こくふく》しようと尽力《じんりょく》されている」と指摘《してき》しています。それは、ジュロヴァ博士自身が、日本の創価学会の婦人部・女子部と交流するなかで抱《いだ》いた感想なのです。

博士は対談のなかで、ご自身が出会った「創価の女性たち」について、その「自由闊達《かったつ》な行動と積極性に驚きました」と語っています。

そして、池田SGI会長はその指摘に応え、次のように述べているのです。

「創価学会の女性たちは、職場と家庭のほかに、地域で友のために無《む》償《しょう》で活動しています。病気などで苦しむ友がいれば、すぐに飛んで行き、人生で直面している問題の相談にのり、また、平和や人権に貢献する活動も行っています。このような無償《むしょう》の公共的活動が、おそらく

創価学会の女性たちの多彩な活動

彼女たちの闊達《かったつ》さ、自由さの大きな源泉《げんせん》であると思います」

ジュロヴァ博士が、「(創価)学会の運動は、保守的で伝統的な女性観を克服しようと尽力《じんりょく》されていると思う」と語られている点は重要だと思います。あたかも女性解放運動の団体に向けられるような評価が、創価学会に対してなされているのです。

創価の女性たちが日々学会活動に励み、地域友好に尽くすことが、結果的に「保守的で伝統的な女性観を克服」して生きることにつながっている――世界的な女性識者によるそうした評価は、かつてSGI会長が記した「創価学会婦人部こそ、妙法をだきしめた、真の女性解放の先駆者《せんくしゃ》である」(『新・人間革命』第七巻)という宣言を彷彿《ほうふつ》とさせます。「創価の女性たち」の広範《こうはん》な活躍が、SGI会長の言葉を見事に裏付け、具現化《ぐげんか》したのです。

また、国内の識者からの評価の例として、創価学会婦人部の体験談集『平和の大地』全四巻に寄せられた感想が挙げられます。

この体験談集には、全国の創価学会の婦人の感動的な体験が全部で百四十一編《ぺん》収められていますが、各巻に識者の方々が一文を寄せているのです。いずれも、その全文を紹介したいような素晴らしい文章ですが、ここでは一人だけ、第二巻の北沢洋子氏（前日本平和学会会長／国際問題評論家）の寄稿から抜粋《ばっすい》して紹介させていただきます。

北沢氏は、体験談を通読しての感想として、「感動したのは、一人として同じ生き方の女性がいないということです」と述べています。まさに桜梅桃李――それぞれのやり方で輝くありようが、氏の胸を打ったのです。

そのうえで氏は、すべての体験談に通底《つうてい》する美点として、大要次の四点を挙《あ》げています。

「第一に、主体的に生きているという点です。（中略）人生体験や日常の生活のなかから、自ら考え、選んだ運動であり、活動なのです」

「第二には、それぞれが、人間の素晴らしい可能性を見つけ、新しい価値をつくり出していることです」

「第三に、女性たちの日常の活動が、地球市民として、国際交流を進め、ひいては世界平和に何らかの貢献《こうけん》をしているという点があげられます」

「第四に、（中略）まさに二十一世紀の日本が抱える大きなテーマの解決をすでに示しているということがいえます」

女性の社会参加が言われる現在、社会に向けての女性の発想や発言が期待されていますが、創価学会では長年にわたって、家庭の主婦たちを中心とした草の根の平和運動が展開されてきたのです。

家庭などの狭《せま》いサークルに閉じこもりがちな女性たちが、こうして社会に目を向け、価値を創造する具体的な運動――言いかえれば利他《りた》の実践《じっせん》――を積み重ねてきたことの意義は、女性史の観点から見ても注目されるべきでしょう

高齢社会を豊かに生きる

日本は名実《めいじつ》ともに世界一の長寿《ちょうじゅ》国となりました。平成十九（二〇〇七）年の統計では、平均寿命が男性七九・一九歳、女性八五・九九歳に及んでいます。いずれも過去最長で、男性は世界二位、女性は世界一、しかも日本人女性は二十三年連続して世界第一位なのです。

長生きすることは、本来たいへんおめでたい、素晴らしいことでしょう。しかし、いまの日本には、長寿を素直に寿《ことほ》ぐことができないような奇妙な〝空気〟が満ちています。たとえば、新聞やテレビのニュースを見ても、老人医療や年金問題など、老いることのネガティブな側面ばかりがもっぱらクローズアップされ、あたかも長生きが害悪であるかのように扱《あつか》われています。また、高齢者の自殺や心中のニュースもあとを絶《た》ちません。

高齢の子どもが親を世話する「老老介護」や、認知症の人を介護していた人も認知症になる「認認介護」、独居老人の孤独死も、長寿大国・日本の大きな問題となっています。長生きしたことで肩身《かたみ》の狭《せま》い思いをしたり、「周囲に迷惑をかけないように、ポックリ死にたい」と願ったりする人もいるといいます。

そのような老いをめぐる問題は、男性よりも女性にとっていっそう切実です。なぜなら、女性のほうが平均寿命が長いため、「夫に先立たれる」ケースが必然的に多くなるし、独居老人にも女性のほうが多くなるからです。

今後いっそう加速度を増して高齢化に突き進む日本社会において、高齢女性がいきいきと生きていくための「生き方モデル」が、いまこそ求められています。私は、その一つのモデルが創価学会のなかにあると考えています。

① 高齢者を尊敬するネットワーク

「老いをめぐる問題」、すなわち高齢者の不安の要因として、何が挙げられるでしょう?

もちろんさまざまな問題があるでしょうが、代表的なものとして、経済的な問題、健康上の問題、そして孤独などの精神的問題の三つに大別できると思います。

このうち、精神的問題についていえば、学会員として活動しているかぎり、孤独に苦しむことはまずあり得ないのではないでしょうか。それどころか、多くの人に囲まれて動き回る、多忙《たぼう》な日々が待っていると思うのです。

まず、創価学会では、七十歳以上の会員が、「多宝会」「宝寿会」（東京）「錦宝会」（関西）などのグループを形成し、そのグループごとに嬉々《きき》として日々の活動を展開しています。地域の友人たちも交《まじ》えて、座談会や勉強会、お茶のみ会などを、自由闊達《かったつ》に行っているのです。それぞれの特技を生かして、地域に貢献している人も少なくありません。そのような場が、地域のオアシスともなっているのです。

また、創価学会員の高齢者の場合、ほかの世代との交流も活発に行われています。たとえば、月に一度行われる座談会や本部幹部会の衛星中継には、幼児から高齢者まで、あらゆる世代の人々が集《つど》います。

創価学会の婦人部員は何歳になっても婦人部員ですし、壮年部員は何歳になっても壮年部員です。したがって、たとえば婦人部には、結婚したての二十歳代のヤング・ミセスもいれば、七十歳代、八十歳代の高齢者もいるわけです。そして、異なる世代の女性たちが、和気《わき》あいあいと集い、さまざまなことをにぎやかに語らいながら活動に励んでいるのです。

そのように世代を超えた交流が活発に行える場は、じつはありそうでほとんどないのではないでしょうか。たとえば、趣味にも世代差がありますから、趣味の集いも多くの場合は同世代で固まってしまいがちです。

創価学会員として活動していれば、同世代の友人は数えきれないほどできるし、世代の異なる若い友人もたくさんできます。さらに友人たちにも、その輪は広がっていきます。活動を通じて日々活発に連携《れんけい》をとりあい、深い友情を育《はぐく》んでいけるのです。

『大白蓮華』(二〇〇七年十二月号)の「仏法は希望の生命学」という記事に、興味深い事実が紹介されていました。「老いた星も、若い星に近づくことで、元気になる」というのです。老いた中性子星の近くに若い星が接近すると、強い重力に引っ張られて若い星からガスが中性子星へと流れ込み、それが回転エネルギーを与えることになって、老いた星の自転速度がどんどん上がっていくのだそうです。

老いた星が若い星に近づくことで元気になるように、若い世代と日々活発に交流をつづける創価学会員の高齢者も、「元気をもらう」ことでしょう（逆に、人生経験豊かな高齢者と接することで、若い創価学会員が学びとることも大きいはずです）。私が直接知っている人々を見ても、若い人たちと日々交流している創価学会員の高齢者には、いつまでも若々しい人が多いのです。

あらゆる世代との交流の場、ネットワークがつくられているだけではなく、創価学会は、若い世代に高齢者を敬《うやま》う敬老《けいろう》精神が満ちている組織でもあります。それは一つには、池田SGI会長が、つねづね「高齢者を尊敬する社会」こそ「人間を尊敬する社会」であり、それでこそ「いきいきと栄えゆく社会」である、と指導しているからでしょう。「高齢者だから」と軽《かろ》んずるような人はいないのです。

そして、私が「創価学会の高齢者に孤独はない」と感じるもう一つの理由は、「創価学会では利害を抜きにしたピュアな友情が生まれやすい」ということです。創価学会員同士として知り合った場合、そこにはなんの利害もからんでいません。同じ信仰を持ち、同じ目的のためにともに頑張ってきた者同士の、利害を超越《ちょうえつ》した結びつきがそこにあるのです。それは、学校の部活動などのような、「同じ釜《かま》の飯《めし》を食った仲」と表現される結びつきに近いと言えます。

だからこそ、少年少女時代に結んだ友情にも似て、真の友情が生まれやすいのでしょう。

私自身、創価学会の女子部時代に同じ地域で友好を深めた友人たちとは、その後、結婚や引っ越しなどで地域が離れても、いまだにつきあいがつづいています。いまでは、育児の手も離れた彼女たちと、年に一回、泊まりがけで友好を深めています。
彼女たちにはご主人もお子さんもいますが、「私たちとクリちゃんとのつきあいは、夫よりも長いものね」とよく言います。おそらく、互いが「おばあちゃん」になっても、彼女たちとはそういうつきあいがつづけられると思います。

「女同士の友情は生まれにくい」とよく言いますが、創価学会の女子部・婦人部についてはそんなことはないようです。もちろん、高齢者になってからの友情もしかりです。

創価学会員同士の結びつきは、しばしば「創価家族」という言葉で表現されます。創価学会という組織それ自体がまるで一つの大きな家族であるような、そんな絆《きずな》、連帯感で結ばれているのです。そして、それは会員のみならず、地域の友人たちを巻き込んで、ほがらかに、楽しく、生きがいに満ちた人々の集まりとなっているのです。

「創価家族」のなかで生きる安心感を、私もつねに感じています。先年、八十一歳で他界した私の母も、最後まであたたかい人々の輪のなかで、嬉々《きき》として生き抜いてくれました。家族として、心から感謝するしだいです。

② 人々のつながりが不安を軽減

では、高齢者の健康問題についてはどうでしょうか。

もちろん、「創価学会員なら病気にならない」というわけではありません。ただ、創価学会員の場合、悩みへの対処の心構えが違いますし、病気の不安はかなり軽減《けいげん》される部分があると思うのです。

まず、病気への対処の心構えが違うというのは、創価学会員は総じて悩みや苦難に対して前向きに挑《いど》んでいくということです。それは一つには、創価学会が奉《ほう》じている日蓮大聖人の仏法に、そのような傾向性があるためです。

〝法華経の行者《ぎょうじゃ》として仏道修行に励んでいくとき、その修行を妨《さまた》げようとする魔《ま》の働きが必ず現れる。たとえば、病魔などの形をとって……。そのとき、一歩も退《しりぞ》かず魔に立ち向かっていけば、必ず宿命転換ができる〟

――創価学会員はそのように考えますから、病気になったり、仕事上の苦難に遭《あ》ったりしたとき、ただ打ちひしがれるだけでは終わりません。ころんでもタダでは起きない、のです。

池田SGI会長も、スピーチのなかで次のように述べています。

「大いなる苦難こそが、大いなる幸いへと転じていく。大難があるた

びに、より大きな発展がある」（『池田大作全集』第七八巻）

このように、日蓮大聖人の御書やSGI会長の折々の指導を通じて、創価学会員は「苦難に挑み、乗り越えることで、人生の新しい展望が開ける」という考え方を深く心に刻《きざ》みつけています。ゆえに、創価学会員の高齢者が病気に直面しても、そのことで感じる不安や苦悩は、ずっと小さいのではないでしょうか。

病気の不安も、「誰も頼る人がいない」という孤立無援《こりつむえん》感を感じたとき、その不安はかぎりなく増大します。逆に、周囲に仲間がたくさんいれば、それだけで不安は軽減《けいげん》されるものです。そしてそれは、とりもなおさず苦しみが軽減されるということなのです。

たとえば、人が感じる痛みというのは、かなりの程度までメンタルなものです。物理的に同程度の痛みを与えても、不安にかられているときには強い痛みを感じるし、不安がなければ痛みもあまり感じないといいます。

同様に、同じ病気で症状《しょうじょう》も同程度であっても、孤独な高齢者とたくさんの友人がいる高齢者では、感じる苦しみがまったく違うのではないでしょうか。

創価学会員の高齢者は、たとえ病気になっても、地域の仲間たちが支えになり回復を祈ってくれます。その真心《まごころ》に感じて生き抜く力を得た例は枚挙《まいきょ》にいとまがありません。

創価学会員は日々の勤行唱題を通じて、回復を祈ることができます。そのあたたかく力強い交流のなかで、互いの連帯感が深まってきます。それは創価学会員にとってはあたりまえですが、じつはすごいことなのだと私は思います。

私がよく知っているTさんという女性の例を挙げましょう。Tさんは、息子さん一家が遠く離れて住んでいるため、長年独り暮らしをしていました。八十歳代になったTさんが病気になって家で寝たきりになったとき、公的援助とともに、近所に住む婦人たちが何かと気を配ってあげました。入れ代わり立ち代わりお見舞《みま》いにいったり、おかずを持っていってあげたり、買い物をしてあげたり、あれこれお世話《せわ》をしたものです。

Tさんはけっきょくその病気で亡くなられましたが、最後までいつもニコニコしていて、病気の苦しさはあまり感じさせませんでした。心の通う人たちに囲まれ、精神的に安定していたのでしょう。そうした人たちがいなければ、最後の日々はかなり色合いの異なるものになったでしょう。葬儀《そうぎ》の際、未入会の息子さん一家も、心から感謝していました。

高齢期を創価学会員として生きるということは、「人間らしく生きる」ことに直結しているように思います。福祉《ふくし》政策だけではカバーできない領域を、友人たちがきめ細やかにカバーする「人々のつながり」が存在するからです。

③ 何歳になっても使命に燃えて生きる

養護老人ホームの寮母《りょうぼ》として働く創価学会の婦人の体験を、女性誌『パンプキン』（一九九六年七月号）で読んだことがあります。そこは、認知症《にんちしょう》などで日常生活動作能力が著《いちじる》しく低下してしまった人が多く入所しているホームです。

しかし、その寮母さんによれば、周囲が家族のように接して「自分が誰かの役に立っている」という張り合いを感じさせてあげると、認知症が回復していくケースがあるのだそうです。

「誰かの役に立っている」という自覚が、高齢者の生きる力を蘇《よみがえ》らせる——このエピソードはたいへん示唆《しさ》的だと思います。創価学会員の高齢者にいきいきと元気に暮らす人が多いのも、「自分は誰かの役に立っている」という確信を抱いている人が多いからではないでしょうか。言いかえれば、「自分にしか果たせない使命《しめい》がある」という確信です。

日蓮仏法では、末法《まっぽう》の世に法華経の行者となった者は、法華経に説《と》かれる「地涌《じゆ》の菩薩《ぼさつ》」であり、末法の衆生《しゅじょう》を救う崇高《すうこう》な使命を帯《お》びて生まれてきた、と考えます。そのことをふまえ、創価学会では、すべてのメンバーがそれぞれ、その人にしか果たせない使命をもって生まれてきたと考えます。

「この世で果たさん使命あり」――これは、池田SGI会長が山本伸一の名前で作られた学会歌「人間革命の歌」の一節です。この一節のとおり、創価学会員はみな、「生涯《しょうがい》をかけて果たすべき、自分にしか成し得ない使命がある」という確信を胸に抱いて生きています。その確信が、創価学会員がいきいきとした老後を暮らすための、一つの原動力となっているのです。

信心に定年などなく、人生の最後まで、生き生きとした使命感を燃やしつつ、その時々の体力に応じて活動に励むことができるのです。だからこそ、創価学会員は何歳になっても、「自分はもう無用の存在だ」とか、「誰にも必要とされていない」などという無力感を抱かずに済むのです。

私たちが「幸せな老後」を思い浮かべるとき、そこには二種類のイメージがあると思います。一つは、「ゆったりと自分の趣味などをしてすごす、静的な老後」。もう一つは、「仕事から解放されて得た自由な時間を使い、新たな目標に向かって邁進《まいしん》する、活発で動的な老後」です。

どちらがよいということではありませんが、多くの創価学会員が志向するのは「動的な老後」のほうだと思います。「人生の最後の最後まで、果たすべき使命はあるのだ」という考え方に立つのが創価学会員ですし、池田SGI会長の指導もそのような志向性を持っているからです。

そもそも、すでに八十一歳を迎えた池田SGI会長が、変わらぬ激務の日々を送られ、創価学会の闘いの先頭に立っておられるのです。

エネルギッシュに活動しつづけるその姿は、すべてのSGIメンバーにとって理想の老後のあり方であるとも言えるでしょう。

老人ホームに入所している九十五歳のKさんは、高齢にもかかわらずかくしゃくとしており、ほかの入所者の面倒《めんどう》を見てあげています。自分よりも年下の人たちにあれこれと世話をし、話し相手になり、明るさをふりまく彼女に、周囲の人たちは元気をもらっているそうです。彼女のいるところ、笑いが絶えず、その姿を見て創価学会に入会した入所者もいます。

いくつになっても利他《りた》の心を忘れないKさんの姿こそ、学会員らしい「ダイナミックな老後」の典型《てんけい》例でしょう。

また、九十二歳になるNさんは、四十歳代で夫と死別し、入会後、苦労して娘二人を育て上げ、現在は長女一家と暮らしています。耳が少し遠いほかは体に悪いところはなく、肌《はだ》もつやつやで、元気いっぱいです。毎日、後輩の婦人部員と連れ立って、いそいそと活動に参加しています。『聖教新聞』や『大白蓮華』も熟読《じゅくどく》し、未購読の婦人部員さんや友人に切り抜きをわたすこともしばしば。自分らしく、いまできる活動を、悠々《ゆうゆう》と展開しているのです。風雪《ふうせつ》の日々を耐《た》えて輝く花のような姿そのものが、長年にわたる信仰実践の実証といえるでしょう。

このように、「創価学会の庭」で生きるかぎり、いくつになっても使命に燃え、いきいきと楽しく暮らすことができるのです。

⑤　介護問題への一つの解答

高齢社会にあって、重要性を増してきているのが介護の問題です。

そして、介護問題は女性問題としての側面を強く持っています。介護の担い手《にないて》の多くが女性であるからです。

一九九九年に、大阪・高槻《たかつき》市の市長が、妻の介護を理由に市長職を四期目の任期半《なか》ばで退任し、大きな話題を呼んだことがあります。その男性が辞職発表の記者会見で述べた「市長のかわりはおっても、夫のかわりはおりまへん」という名言は反響《はんきょう》を呼び、その辞職はメディアがこぞって「美談《びだん》」として報じました。

私は、その報道に触《ふ》れて「素晴らしいことだ、やっとそういう時代が来たのだ」と感動する一方で、ちょっと違和感《いわかん》も覚えました。話題になったのは「男性が介護のために仕事をやめた」からであり、女性が介護のために仕事をやめてもニュースにはならなかったからです。

そのギャップが、介護負担が女性だけにのしかかっている現実を如実《にょじつ》に示しています。

これまでになんと多くの女性たちが、親や夫の介護のために仕事をやめたことでしょう。私の友人にも、親の介護のために仕事をやめたり、やめないまでも仕事量を大幅にセーブしたりしている人がいます。いまも日本中ですさまじい介護のドラマが展開していることでしょうが、その担い手はほとんどが女性なのです。

統計によると、男性が介護をしてほしい相手は、圧倒的に妻が多く、次に娘、嫁の順だそうです（息子という人はほとんどいません）。「女性は三度老いを生きる」と言われます。親の老い、夫の老い、そして自身の老いです。いかに公的制度が充実しても、高齢社会は女性の肩に重い責任がのしかかってくる社会でもあるのです。

そのような現実のなかにあって、私たち女性はどのように介護問題に取り組んでいくべきでしょうか。もちろん、ことはケースバイケースであり、一つだけの正解などありません。ただ、創価の女性のなかにも介護に携《たずさ》わっている人は数多くおり、その人たちの生き方のなかには汲《く》みとるべきヒントが満ちています。

たとえば、私が直接うかがい、メディアでも紹介されている藤野和子さんの介護体験は、とても感動的なものでした。藤野さんは、当時六十五歳であった義母《はは》がクモ膜下《まっか》出血で倒れたことから、長い介護生活に入ります。そのとき藤野さんには二歳の娘さんがいて、なおかつ三カ月の身重《みおも》の体でした。義母は八時間におよぶ大手術で一命をとりとめますが、手術後に認知症の症状が出てしまいました。

長い介護生活の間には、藤野さん自身が過労で倒れてしまったこともあります。倒れた藤野さんは、義母と同じ病院で点滴《てんてき》を受けながら介護をしたといいます。

「なぜ私ばかりがこんなに苦労をしなければならないのか」――育児をしながら介護をするつらい日々のなか、うらみと愚痴《ぐち》の気持ちばかりが心をおおい、壁《かべ》にぶつかってしまったそうです。その壁を乗り越えるべく、懸命《けんめい》に唱題をつづけていった藤野さんに、あるとき転機が訪《おとず》れました。唱題のなかで、次のような思いがふっと心に浮かんだのです。

「お義母《かあ》さんとの出会いは、たんに夫の母だからなのだろうか？　私が嫁だから、たまたま介護をしているのだろうか？　いや、そうではないはずだ。愛する夫をこの世に産んだ女性なのだから、私とも深い縁で結ばれているに違いない。

お義母さんはきっと、過去世において私の恩人だったのだろう。そして、『来世《らいせ》では私が恩返しします』と誓《ちか》って、私はお義母さんのそばに生まれてきたのではないか」

そんな思いになったとき、藤野さんは「どんなことがあってもお義母さんの介護をやり切ろう」と決意を固めることができたそうです。そして不思議《ふしぎ》なことに、そう決意したその日から、お義母さんの認知症の症状が消えたのでした。

その後、十五年間におよぶ介護の末、義母は八十歳で安らかに逝去《せいきょ》。長い介護生活を乗り越える原動力となったのは、家族の協力、SGI会長夫妻の励まし、そして地域のリーダーとしての責任感でした。

もう一人、Sさんの介護体験を紹介しましょう。Sさんの母親は、七十五歳をすぎてから、認知症の症状を示すようになりました。意味不明の言動が目立ち、食事や薬もとったかどうか忘れてしまう。子どもはすでに巣立《すだ》ち、夫と二人暮らしであったSさんは、母親を引き取り、自宅で介護をすることにしました。

しかし、介護は予想以上に大変なものでした。体は丈夫《じょうぶ》だったので、自分でドアのかぎをあけて出かけてしまう。一駅先の駅の交番から、「お母さんをあずかっています」との電話。万一のためにと、住所と電話番号を書いたカードを持たせておいたおかげでした。

それではと、手のとどかないところにかぎをつけ、外出したSさんが戻ってみると、部屋中がちらかり、ひどい状況になっていることもしばしば。母から目がはなせない状況になってしまいました。

症状が進み、食事とトイレの世話だけで一日が終わるようになってしまいます。仕方なくオムツをつけると、嫌《いや》がってとってしまい、部屋の中でそそうをしてしまう。その始末《しまつ》をしている間に、また別のところにそそうをする。泣きたくなるような気持ちで始末をするSさんに、ひどい言葉をなげつける母。本人もいらいらしているのでしょう。わかっていても、「こんなに頑張っているのに」とつらい気持になるSさん。いっそ母がいなければ、とさえ思ったそうです。そんなとき、励ましてくれたのは、SGI会長の指導と地域の同志の激励でした。

小康状態《しょうこう》になった春の日、母と夫と近くの温泉に一泊旅行にでかけました。めずらしく気分よく温泉を堪能《たんのう》し、食事も進み、楽しいひときを持つことができました。その夜、隣《となり》の部屋に寝ていた母が、ふらふらとSさんの布団の方《ほう》に寄ってきて、布団にもぐりこみました。そして、Sさんの胸に顔をうずめたまま眠ってしまったのです。

子どものように寝息を立てるその姿に、Sさんは涙が止まりませんでした。――憎《にく》まれ口をきくのも、病気のせいだ。私を生み育て、信仰を教えてくれた母に、いまこそ恩返《おん》しをするときだ。負けてはいけない、と。

その後、母への感謝の思いを込めて回復を祈りました。すると、不思議なことに母の症状も安定し、Sさんを苦しめる言葉も吐《は》かなくなったのです。心から感謝したSさんは、その思いを活動に向け、同じ境遇の人たちとも励まし合いながら、充実した日々を送っているということです。

＊

以上二つの介護体験には、大きな共通項があります。介護のつらさに直面し、最初はただ宿命を嘆《なげ》くばかりだった二人の女性は、真剣な唱題をつづけることで自《みず》らの一念を転換させ、介護対象者である母や義母に対して、心の底からの感謝の念を抱《いだ》けるようになりました。そして、一念が変わったその瞬間から、不思議なことに状況も劇的《げきてき》に変化し、苦しみから抜け出すことができたのです。

池田ＳＧＩ会長は、『「第三の人生」を語る』のなかで、介護について次のように語っています。

「介護者は、境涯《きょうがい》を高くもち、高齢者の揺《ゆ》れる心をさらに大きな心で包んでいくしかないと思います」

二人の婦人が介護のなかで成し遂《と》げた一念の転換は、「境涯を高くもち、高齢者の揺《ゆ》れる心をさらに大きな心で包」み得た瞬間であったといえるでしょう。だからこそ、それまで同じ境涯で向き合っていたときには起きなかった変化が、被介護者の心にも起きたのです。

「境涯」という言葉を使うと難しくなるかもしれませんが、要は、感謝の心に立って相手を包容《ほうよう》するということです。

「なぜ私だけがこんな苦労をしなければならないのか」といううらみつらみでいっぱいになった心で向き合うと、その思いが被介護者にも通じてしまうのかもしれません。「子どもは大人の心を鋭《するど》く見抜く」とはよく言われるところですが、物心《ものごころ》つく前の子どもに近いとも言える認知症の高齢者は、介護者の心の底を鋭く見抜き、それに反応するのではないでしょうか。だからこそ、唱題を通じて生命を磨《みが》き、境涯を高めていくことで、介護のつらさを乗り越えることもできるのでしょう。

介護する側、される側のいずれかを経験する人は、これからの高齢化社会でいっそう増えていくことはまちがいありません。介護問題はいまや特別な問題ではなく、誰にとっても身近な問題です。そして、「介護する側に立ったときにどうすればよいか？」という難問の一つの解答が、「被介護者に対して感謝の念を抱けるところまでいく」ということなのだと思います。もちろん、実際に介護のつらさを体験した人の立場に立ってみれば、それはたいへんな難事《なんじ》でしょうが、光はあるのです。

*

年齢を重ねるごとに、ますます輝く人生。病気になり、介護が必要になっても、感謝の心で生き抜いていける人生。なんと素晴らしいことでしょう。

現在、多くの人が自身や家族の老後に不安を持っているといいますが、創価の女性たちが前向きに「老いの問題」に取り組むその姿のなかに、高齢社会を女性がいきいきと生き抜くためのモデルが見出《みいだ》せます。逆にいえば、創価の女性たちには、「高齢社会の身近な生き方モデル」を周囲に提供するという、重大な使命があるのです。

第5章

創価の女性たちの「平和の文化」運動

すべての人の母として戦争を告発

人類の悲願《ひがん》である世界平和の実現に向け、池田ＳＧＩ会長は女性が果たす役割に大きな期待を寄せています。暴力に抗《こう》し、平和を志向する女性の力に期待するのは、現在の世界の趨勢《すうせい》とも言えるでしょう。

ただ、昨今は、「女性は生まれつき平和主義者であり、男性は暴力を好む」という本質主義論だけでは説明できない現象も増えています。

たとえば、かつて凶悪犯はほぼ男性にかぎられていましたが、近年は女性による凶悪犯罪もしばしば報じられています（こんな「男女平等」はごめんこうむりたいですね）。

また、戦争においても、女性は被害者であるばかりでなく、時には加害者となることも見逃《みのが》すべきではありません。これも歴史が証明しているところです。平和的な男性もいれば暴力的な女性もいるのも、当然のことです。

それでもなお、いま女性が平和に果たす役割がクローズアップされるには、いくつか理由があると思われます。私なりに、二点を考えてみました。

第一点は、女性が生命を産み育てたり、家庭の営《いとな》みを主体的に担《にな》う経験から、男性よりも生命をめぐる問題に深く鋭《するど》い感覚と意識を持つ傾向があることです。

多くの女性は、生命の大切さともろさを知りぬいています。生命がいかに神秘的《しんぴてき》でかけがえのないものか。生命を育《はぐく》むことはなんと膨大《ぼうだい》な努力を要する、そしてやりがいのある創造作業であるか。それを体感した女性たちは、生命が侵害《しんがい》されることにきわめて敏感《びんかん》なのです。

そのことをあらためて痛感《つうかん》させられた二つの話を紹介したいと思います。

二〇〇一年九月の同時多発テロ後に、米国によるアフガニスタン空爆が開始されたころ、ある新聞の川柳欄《せんりゅうらん》に目が釘《くぎ》づけになったことがあります。そこには、「あの下で　昔の私が逃げまどう」というような句《く》が載《の》っていたのです。作者は匿名《とくめい》の高齢女性でした。

これは私の想像ですが、この女性は戦時中、空から降ってくる爆弾を避けて、命からがら逃げ回った経験があるのでしょう。幼《おさな》い子どもを抱きかかえていたかもしれません。そうした体験が、アフガンの女性に降りかかっている悲劇を「他人事《ひとごと》」とは思わせなかったのでしょう。そこで逃げ回っているのは、ほかならぬ私自身だ、悲劇を繰り返してはならない、と……。

もう一つの例は、忘れられないテレビ番組の一コマです。

太平洋戦争末期、ある特攻《とっこう》隊員が、特攻機で飛び立ったまま行方不明《ゆくえふめい》になり、「こわくなって逃げたのではないか」との「汚名《おめい》」を着《き》せられていました。しかし、最近になって海底から沈没《ちんぼつ》した米軍の戦艦が引き揚げられた際、彼の搭乗機《とうじょうき》が船体に突き刺《さ》さっているのが発見されました。「逃げた」どころか、彼の特攻によってその戦艦が沈んだ可能性が高いと判断されたのです。

そこでさっそく、テレビ局の若い男性キャスターが、この「朗報《ろうほう》」を携《たずさ》えて、特攻隊員の老いた母親のもとを訪ねました。そして、事情を説明し、「息子さんの死が無駄《むだ》な死でなくてよかったですね」というようなことを言いました。

しかし、母親はその報に喜ぶことはなく、沈痛《ちんつう》な面持《おもも》ちで黙《だま》り込んでいました。そして、しばらくしてからポツリと、「あちら（米軍）の方が亡くなったことを思うと……。戦争は悪いです」と言ったのです。手塩《てしお》にかけて育てた息子を若くして喪《うしな》い、そのうえ汚名を着せられた悲しみと苦しみはいかばかりだったでしょう。それでもこの母は、米兵を含めた「すべての人々の母」として、生命を奪う戦争を静かに告発《こくはつ》したのです。まことに崇高《すうこう》な母の言葉です。キャスターが言葉をなくしていたのが印象的でした。

以上挙げた二例のように、女性はその体験や置かれた状況から、生命の尊《とうと》さと、それを侵害するものへの怒りと痛みに総じて敏感です。だからこそ、戦争や暴力に抗する戦いの最前線に立つことが、女性には期待されているのです。

ところが、従来、このような女性の発想、思想や行動が社会の動向

最初の被爆地・広島での平和展示

に影響を与えることは多くありませんでした。女性の活動は家庭などの私的領域《りょういき》にかぎられることが多く、社会はあくまで男性中心に運営され、競争・排除《はいじょ》・抑圧《よくあつ》・能率などの価値を優先していたのです。そして、多くの場合、女性は「社会的弱者」にされてしまい、十分に力を発揮することができませんでした。

そのような「男性中心社会」が、いま、地球環境問題などさまざまな面で行き詰まりを見せています。そのことこそ、いま女性の役割がクローズアップされている第一点の理由でしょう。

ちなみに、「世界女性会議」は回を重ねてきましたが、「世界男性会議」といったものはありません。かりに「世界男性会議」が開かれたとしても、男性たちは何を話し合ってよいものか戸惑《とまど》ってしまうかもしれません。しかし、これが女性会議となれば、あれもこれもと課題が目白押《めじろお》しです。また、「男性学」は「女性学」にはるかに遅れて登場しました。いままでのところ、男性よりも女性の方《ほう》に問題性が偏《かたよ》っているといえるでしょう。

そうしたなかにあって、SGI会長ははるか以前から、平和への潮流《ちょうりゅう》の主体的な担い手として、女性に大きな期待を寄せてこられたのです。それは、生命の大切さともろさを知りぬいている女性の視点・発想・行動にこそ、「生命尊厳《そんげん》の世紀」を開きゆく可能性があるからにほかなりません。

二十世紀は「戦争と革命の世紀」と呼ばれました。ゆえに、二十一世紀こそは「平和と人権の世紀」にしようと、心ある人たちは願っています。しかし、その二十一世紀が始まったとたんにアメリカで同時多発テロが起き、そこから暴力の連鎖《れんさ》がつづいています。「戦争の世紀」

を繰り返さないためにも、いまこそ、女性も男性とともに社会に責任を持ち、積極的に発言・行動をしていくことが期待されています。女性たちには、世界を平和の方向へ推《お》し進めるだけのパワーがあるのです。

しかし、多くの一般女性は、「自分たちの力で世界を平和にできる」とは実感できないかもしれません。

虫のノミは、優《すぐ》れた跳躍力《ちょうやくりょく》を持っているにもかかわらず、しばらくコップを伏せたなかで生活させてみると、何度もコップの天井《てんじょう》にぶつかったあげく、コップの高さまでしか跳《と》べなくなってしまうそうです。ノミに喩《たと》えるのは恐縮《きょうしゅく》ですが、世の女性たちにも、長年「女は口を出すな」と言われつづけるうちに、本来持っている「跳躍力」を忘れてしまった面があるのかもしれません。

「女は口を出すな」「女は引っこんでいろ」という男尊女卑《だんそんじょひ》の傾向は、最近でこそようやく薄れてきましたが、日本には根強くありました。その実例を一つ紹介します。

私がある地方に行ったとき、その地方で初めて公立小学校の女性校長になった方にお話をうかがったことがあります。その方に対しては、当初、周囲の男性たちの風当たりがたいへん強かったそうです。たとえば、校長たちの会合に行ったら、他校の校長が聞こえよがしにこう言ったそうです。

「あの学校には男はいないのかねえ？　女なんか校長にして」

いまでこそ公立校の女性校長も増えましたが、最初の「開拓者」となった人たちはみな、そういう風当たりを経験してきたのですね。

しかし、そのような〝コップ〟は、もうありません。いまや、男女が力を合わせ、平和のための行動に邁進《まいしん》していくべき時が来ているのです。

＊

ＳＧＩ会長は、長年にわたり、目覚《めざ》めた女性たちが責任を持って声をあげ、平和のための活動を展開するよう促《うなが》してきました。そして、そのような期待に応え、創価学会の婦人部・女子部は、組織活動において、また身近な地域で、地道な平和行動を展開しているのです。婦人部にも女子部にも、それぞれ、平和運動を展開する部局があります。女子部の「女性平和文化会議」は、講演会や展示、出版活動などを精力的に行っています。

婦人部では、一九八〇年に結成された「女性平和委員会」が、反戦出版・展示活動・講演会・体験主張大会など、平和構築《こうちく》への活動を幅広く行っています。

そこで次に、私もその副委員長をつとめる女性平和委員会の活動のなかから、出版活動と展示活動について紹介してみましょう。

広範な反戦出版活動

創価の女性たちは、早い時期から反戦出版活動に取り組んできました。その大きな結実《けつじつ》として、二つの戦争体験集シリーズが挙げられます。男女青年部が編纂《へんさん》した『戦争を知らない世代へ』(全八十巻)と、女性平和委員会が編纂した『平和への願いをこめて』(全二十巻)です。

前者は、全国四千人以上の青年部員が十二年の歳月《さいげつ》をかけ、日本の全県を含む三千四百人におよぶ戦争体験者の証言・手記を集めたもの。

後者は、各地の女性平和委員会のメンバーが地道に取材を重ね、十年の歳月をかけて、戦禍《せんか》の犠牲《ぎせい》になった女性の体験を全四百七十一編の手記にまとめたものです。二つのシリーズを合わせて百巻にもおよぶ戦争体験集は、社会的にも大きな反響を呼び起こしました。

女性平和委員会が、結成直後から反戦出版活動に取り組んできたことは注目されます。この『平和への願いをこめて』の編纂方針を、当時の『聖教新聞』(一九八〇年十二月十八日付)が伝えています。

「戦争体験の証言集の編さん方針としては、過去の戦争体験の記録にとどまらず、『今後、けっして戦争を引き起こさないために何をなすべきか』『どのように平和運動に取り組んでいけばいいのか』など、仏法を基調とした平和運動を推進する婦人の立場からの平和への叫びを盛り込み、次の世代に伝えていく内容にしてはどうか、との意見が出さ

創価学会婦人部・婦人平和委員会が発刊した反戦出版
「平和への願いこめて」全20巻と、ジュニア版全5巻

れた」

そのような方針のもと、日本各地のみならず、「外地」での体験にも目を向け、さらに、戦争被害者としてのみならず、戦争加害者としての女性にも目を向けたのは、非常に卓越《たくえつ》した点だと思われます。

また、原稿収集や取材・分類・編集などの作業に当たったのは創価学会の婦人部員ですが、その作業を、戦争を体験していない若い世代の女性たちとともに行い、戦争体験と平和を願う心の継承《けいしょう》を目指したことが注目されます。その後、このシリーズからは反戦出版ジュニア版（全六巻）も刊行され、さらに次の世代への継承をはかっています。

学会の反戦出版については、ジャーナリストの西園寺《さいおんじ》一晃《かずてる》氏（元『朝日新聞』記者）も次のように高い評価を与えています。

「創価学会の平和活動で印象に残っているのは、七〇年代に男女青年部・婦人部が出した『反戦出版』です。私はすべて読みました。平和のために本当に行動できる組織は、他《ほか》にないでしょう。創価学会という大きな組織が本気になって平和を勝ち取る姿勢に徹したら、それだけで日本のみならず、世界の平和に貢献《こうけん》できるでしょう」(『インタビュー外から見た創価学会』)

その他の出版活動としては、平和主張大会での主張をまとめた『平和の大地』全四巻(一九九三～二〇〇一年)、講演会の内容をまとめた『女性と平和を考える』(一九八九年)などがあります。

さらに、女性平和委員会は、戦後六十年にあたる二〇〇五年から、全国で「戦争体験　継承・記録運動」を展開。その運動は、DVD『平和への願いをこめて―女性たちの戦争体験―』に結実しました。

収録時間二時間半以上におよぶこのDVDには、日本全国三十一名の女性たちが、自《みずか》らの戦争体験を語る姿が収《おさ》められています。内容は、①被爆《ひばく》・広島、②被爆・長崎、③沖縄戦、④引き揚げ、⑤戦火の中の看護婦（現在看護師）たち、⑥戦時下の女性と子どもたち、⑦空襲――という構成です。

女性平和委員会は、一九八〇年に発足《ほっそく》したときのメンバーはたったの六人でしたが、いまや全国に約八百人のメンバーを擁《よう》する大組織となっています。この「戦争体験　継承・記録運動」自体、全国に濃密《のうみつ》な地域ネットワークを持つ女性平和委員会の力が十全に生かされたものでした。

作業は、次のように行われました。全国各地の平和委員会メンバーが、地元の戦争体験者の女性を一人ずつ訪問。使い慣れないビデオカメラを回しながら、約百八十人におよぶ貴重な証言を映像に収めました。そして、集まった証言のなかから代表三十一人を選び、被爆・沖縄戦・引き揚げ・空襲などのテーマ別に収録したのが、DVD『平和への願いをこめて』なのです。

「創価の女性たち」の平和活動がまさに「草の根」の活動であることが、そうしたプロセスからもよくわかります。

DVD『平和への願いをこめて』は、学校や図書館、公民館などで放映されて好評を博《はく》しており、各地のケーブルテレビなどでも取り上げられています。現在は、創価学会の公式ホームページ「SOKAネット」でも全編を視聴《しちょう》できるようになっています。

「平和の文化と女性展」

出版と並んで、平和の問題を女性の視点から提示し、大きな反響を呼んでいるのが展示活動です。

女性平和委員会がこれまでに開催してきた展示を挙げると、「母と子の戦争展」（一九八四年）、「二十一世紀と世界の子ども展」（一九八七年〜）、「世界の子どもとユニセフ展」（一九九〇年〜）、「What're 子どもの人権展」（一九九一年〜）、「私たち地球ファミリー展」（一九九四年〜）、「平和の文化と女性展」（二〇〇二年〜）、「平和の文化と子ども展」（二〇〇六年〜）などがあります。

そのなかで、とくに本章のテーマと重なるのが、「平和の文化と女性展」です。

同展は、二〇〇二年に東京でまず開催され、以後、全国各地で開催。二〇〇七年からは、最新のデータも盛り込んだリニューアル版が、各地を巡回《じゅんかい》しています。

「平和の文化」とは何でしょうか？　それは、一つには、あらゆる対立を、対話によって克服《こくふく》・解決しようとする価値観・生き方・行動スタイルのことです。そして、その土台になるのは、差異《さい》や多様性を尊重する心なのです。

従来、平和のための努力というと、直接的な反戦運動、核廃絶《かくはいぜつ》運動などを思い浮かべる人が多かったことでしょう。しかし、「平和の文化」の意味内容は、もっと身近で幅広いのです。

たとえば、学校のなかにあるいじめを克服しようとすること、異なる文化を持つ外国の人々と仲よく交友していくこと、ご近所さんが手を取り合って明るい地域社会を築こうとすること……そのように、差異や対立を対話によって克服していく努力は、すべて「平和の文化」につながるものなのです。

国連は、二十一世紀最初の十年である二〇〇一年から二〇一〇年を、「世界の子どもたちのための平和の文化と非暴力の国際一〇年」と定めました。「平和の文化と女性展」は、それをふまえたものです。

「平和の文化」構築《こうちく》のために女性が果たす重要な役割と使命《しめい》を、豊富な写真と解説パネルで紹介していく内容なのです。

その内容（リニューアル版）は、次の三つの章で構成されています。

第1章　世界が求める「平和の文化」

この章では、国連が推進《すいしん》する「平和の文化」の概念《がいねん》を、写真やイラストを使って説明しています。内容は、一九九九年十一月の国連決議・行動計画を基調としています。

戦争や暴力と訣別《けつべつ》し、平和な二十一世紀を築《きず》くためには、世界中に「平和の文化」を築くことが必要です。私たち一人ひとりが、暴力を否定し、差異を超えて共生し、多様性を尊重し、環境を守り、対話や教育を重視することによって、「平和の文化」は築かれていくことを訴《うった》えています。

さらに、貧困撲滅《ぼくめつ》のための努力や、異文化コミュニケーションなど、「平和の文化」の構築の具体的な例も紹介しています。「持続可能な開発をめざして」のパネルでは、人間が地球を使いすぎている現状を「エコロジカル・フットプリント」という最新の概念を用いて表現しました。

第2章　世界の女性と「平和の文化」

ここでは、世界の女性が、厳しい課題に直面している現状を取り上げています。国連特別総会「女性二〇〇〇年会議」で検証《けんしょう》された貧困・健康・暴力・武力紛争・経済・意思決定・メディアなどの項目について、写真やイラスト、グラフなどでわかりやすく説明しました。アンペイド・ワークや男女共同参画《さんかく》などでは、日本の実状を提示しています。

さらに、世界各地で「平和の文化」を構築するために奮闘《ふんとう》している女性の姿や、世界の女性の権利獲得の歴史も紹介しています。世界の女性たちが「平和の文化」の担《にな》い手《て》として立ち上がり、連帯することによって、平和が生まれるのです。

第3章　「平和の文化」とSGI

この章では、SGIが推進している「平和の文化」構築のための運動を、多様性の尊重、環境、共生、非暴力、対話という五つのテーマのもとに、その理念と活動を短い文章と写真で紹介しています。

SGI会長の「他人の不幸の上に自分の幸福を築くことはしない」などの平和を築く指針も紹介。人間の心の奥にある差別意識や、仏法で説く「三毒《さんどく》」について、イラストでわかりやすく表現しました。

「池田SGI会長と世界の女性リーダーとの語らい」では、「平和の文化」という視点から、ワンガリ・マータイ博士、ベティ・ウィリアムズ氏、エリース・ボールディング博士、ヘイゼル・ヘンダーソン博士、ラウレアナ・ロサレス氏の五人との対談を紹介。「平和の文化」の担い手として活躍《かつやく》してきた女性リーダーの強い心と、女性に期待する池田SGI会長のあたたかい心を伝えます。

この展示の監修《かんしゅう》を引き受けてくれたのが、池田SGI会長と対談集『平和の文化の輝く世紀へ!』を編《あ》んでいる、平和学者・社会学者のエリース・ボールディング博士でした。

博士については、忘れられない思い出があります。私が二〇〇五年十月に渡米した際、緑豊かなボストン郊外にある博士の自宅を訪問し、懇談《こんだん》する機会を持つことができたのです。その際、平和委員会のメンバーが作成した、展示の模様《もよう》や反響《はんきょう》を写真と英文で示したアルバムを携《たずさ》えていきました。

私が博士とお会いするのは二度目でしたが、当時八十五歳の博士は、かくしゃくとした姿でにこやかに迎え入れてくださいました。

展示監修のお礼と反響をアルバムをめくりながらお伝えすると、ときおり感嘆《かんたん》の声を上げながらすべてのページを丹念《たんねん》に見てくださり、「お役に立てて本当にうれしく思います。平和委員会をはじめ、SGIの女性たちがこのような活動をしていらっしゃるのは、とても素晴らしいことです」とたたえてくださいました。

時間はあっという間に過ぎてしまいました。「これからも、私はできるかぎり行動していきたいと思っています。SGIの皆様も、ぜひご一緒《いっしょ》に平和のために頑張ってまいりましょう」とエールを送ってくださる博士と名残《なごり》を惜《お》しみつつ、ご自宅を後にしたしだいです。

さて、それぞれに好評であった展示内容のなかで、とりわけ多くの人の目をひきつけたのは、池田SGI会長が戦死した長兄《ちょうけい》と分け合った「一枚の鏡」でした。

それは、もともとはＳＧＩ会長の母が嫁入り道具として持ってきた鏡台の鏡でした。あるとき、何かの拍子《ひょうし》にその鏡が割れてしまい、その場に居合《いあ》わせた少年時代のＳＧＩ会長と長兄が、破片のなかからそれぞれ適当な一片を選んで保管しました。母親が大切にしていた鏡を、割れたからといってただ捨《す》てるのは忍《しの》びなかったのでしょう。

長兄は、出征《しゅっせい》する際にもその破鏡《はきょう》の一片を持っていきました。その兄の戦死によって、ＳＧＩ会長が保管した鏡の破片は兄の形見《かたみ》となったのです。後日、それを知った香峯子夫人が、桐《きり》の箱に大切に納めたといいます。以来、現在にいたるまで、ＳＧＩ会長は傷だらけの鏡の破片を大切に持ちつづけてこられました。

その「一枚の鏡」の実物が、「平和の文化と女性展」に出展されたのです。

私は、「一枚の鏡」を前に、「この鏡から池田先生の平和運動が始まったのですね」と感動の涙を浮かべていた来場者を見ました。その方は、地域で平和運動を推進している友人の方でした。

まさしく、長兄の戦死を知ったときの母の悲しみの姿に触れたとき、池田SGI会長の胸中に平和への誓《ちか》いが炎《ほのお》と燃えたのでした。

その誓いから開始された平和運動のたいまつが、創価の女性たちに受け継《つ》がれ、個人から家庭・地域へ、さらに国際社会へと拡《ひろ》がっています。こうした活動は、すべて家事や仕事の合間を縫《ぬ》って進められており、その草の根の広がりは現実に根ざしているのです。

また、この展示のなかで強調されたのは、「ご近所からはじまる世界平和」ということでした。世界の現状を知ると、いても立ってもいられなくなり、すぐさま紛争地域や戦地に行こうという気になりますが、必ずしもそれだけが解決の道ではないでしょう。

もちろん、「ピース・メーカー」として現地で活動することも必要です。しかし同時に、一人一人の足元、現場で「平和の文化」の行動を起こしていくことも必要なのです。各地における目覚めた行動が積み重なり、世界をおおい尽《つ》くしたとき、理想の社会が構築されるのでしょう。

池田SGI会長は、二〇〇一年の「『SGIの日』記念提言」において、次のように指摘《してき》しています。

「平和といっても遠きにあるものではない。他人を大切にする心を育《はぐく》み、自らの振る舞いを通して、地域の中で友情と信頼の絆《きずな》を一つ一つ勝ち取っていく中でこそ、世界は平和へと一歩一歩前進するのです。毎日の振る舞い、そして地道な対話を通し『生命の尊厳』『人間の尊厳』への思いを高め合う中で、『平和の文化』の土壌《どじょう》は豊かになり、新しい地球文明は花開くのです」

「平和の文化と女性展」は、「創価の女性たち」がまさに「地域の中で友情と信頼の絆を一つ一つ勝ち取っていく」なかで、大成功を収めました。展示内容に対する共感の輪は、創価学会の枠《わく》を超《こ》え、信仰の有無《うむ》にかかわらず広がっています。たとえば、次のような反響が数多く寄せられたのです。

「平和のことを真剣に考え、行動している女性たちがいることを知って、心強い。私も一緒に行動したい」

「日本にいればそこそこ幸せに暮らせるのに、世界の女性たちが置かれた状況を自分のことのように考えていることに感動した」

「私にも平和のためにできることがあることがわかり、うれしい」

この展示は、今後も日本各地を巡回《じゅんかい》し、大きな対話の花を咲かせゆくことでしょう。

創価の女性たちの日常活動

じつは私は、「平和の文化と女性展」の企画が持ち上がった最初の段階から、その準備に携《たずさ》わってきました。

そもそもの企画の発端《ほったん》は、池田SGI会長の「二十一世紀は女性の世紀」という提唱《ていしょう》にありました。「私たち地球ファミリー」という展示が完成し、次の展示の企画を平和委員会のメンバーで話し合ったときに、「もうすぐ二十一世紀を迎える。池田先生は以前から『二十一世紀は女性の世紀』と言っておられるから、女性に関する展示に取り組みたい」という声が上がったのです。

つまり、「女性展にしよう」というのがそもそもの発想でした。そんな折、国連が「平和の文化」ということを提唱し始め、目指すところはまさに同じということで、その意義も加味《かみ》して「平和の文化と女性展」と決定したのです。

展示内容を決めていくまでの準備にもかかわりましたが、実際に展示が各地を巡回し始めると、私はその意義や展示内容を説明して回る役割もおおせつかりました。というのも、多くの婦人の方々は女性学になじみが薄かったし、当時はまだ「平和の文化」と聞いてもピンとこない人が多かったからです。

そこで、女性学を学んでいる私が、「平和の文化と女性展」を行う予定の地域に出向いては、創価学会の婦人部の方々に女性学のあらましと展示の意義について説明させていただくことになったのです。その活動は二〇〇七年までつづき、全国津々浦々《つつうらうら》に行かせていただきました。

それを通して、各地の婦人部の方々と接するなかで、私自身もいろいろなことを教えていただきました。各地の展示では、当地ゆかりの女性を取り上げたパネルも作成・展示しましたが、どれも素晴らしいもので、大きな反響を呼んでいました。「創価学会の婦人部はすごいなあ」と、あらためて感服《かんぷく》することもしばしばでした。

私はつねづね、創価の女性たちが、自分たちが行っていることのすごさを十分自覚していないような気がして、もったいないことだと思っていました。識者たちとの語らいのなかで、創価学会の婦人部・女子部への高い評価を聞くにつけ、それをみなで共有したいとも思っていました。

そうしたなか、「平和の文化と女性展」は、創価の女性たちが「自分たちのやってきたことこそ最高の女性運動なんだ」と、あらためて確信する契機の一つとなったと実感しています。その意味で、「創価の女性たち」の歩みのなかでも大きな意義を持つ展示といえるでしょう。

「平和の文化国際年」のスタートにあたり、ユネスコが作成した「わたしの平和宣言（マニフェスト二〇〇〇）」というものがあります。そこには、平和の文化を築きゆくために重要な六項目が挙げられているのですが、その六項目はすべて、学会の活動、仏法の理念にぴったり当てはまるのです。

たとえば「あらゆる人の生命を尊重し、差別をしない」という項目がありますが、生命を尊重し、すべての人に仏性《ぶっしょう》を認めて差別しないのは、仏教の基本です。また、「つねに対話をしながら、表現の自由と文化的多様性を守ります」という項目がありますが、学会は一貫して対話を重視してきましたし、仏法の「桜梅桃李《おうばいとうり》」の理念はまさに多様性を重んじるものです。

そのように、六項目すべてを仏法用語に置き換えて説明することができるのです。このこと自体、創価学会の活動自体がじつは「平和の文化」創造に直結していることを示しているでしょう。

「平和の文化と女性展」の推進を通じて、婦人部の間には二つの大きな「気づき」が生まれたと思います。一つは、次のような「気づき」です。

「平和運動というと、自分の生活から遠いことのように思えたけれど、そうではない。女性が家庭や地域でいきいきと暮らし、他者をたいせつにすること。それ自体が、『平和の文化』の構築につながるのだ」

そして、もう一つの「気づき」は、「自分たちがふだんあたりまえに行っている友好活動こそが、じつは『平和の文化の創造』だったのだ」ということです。

「創価学会は〝校舎なき民衆大学〟である」とよく言われます。それは、女性たちの活動についても当てはまることです。創価学会の婦人部・女子部の活動は、さまざまな学びと平和・友好活動の連続なのです。

たとえば、婦人部のメンバーが友人を「平和の文化と女性展」に誘うとき、誘う側もまた展示内容について学び、平和への意識を高めていきます。そして、学ぶのみならず、その成果を草の根の運動のなかに生かし、友人たちとともに社会を変えようとしているのです。

地域の絆を結ぶ創価の女性たち

反戦出版や展示活動とともに、女性平和委員会の活動の柱となっているのが、各地で行っている体験主張大会である「平和の文化フォーラム」です。

フォーラムのおもな内容は、それぞれの立場で身近なところから「平和の文化」を築いている女性たちの体験主張です。戦争体験を語ったり、子どもの不登校やいじめ・家庭不和《ふわ》などの克服体験を語ったり、あるいは、異文化交流や環境問題への取り組みを語ったり……さまざまな角度から体験が語られます。広範《こうはん》な世代の女性たちが集《つど》い、また学会員と友人たちが手を取り合って、「平和の文化」を築くために語り合う集いなのです。

「平和の文化フォーラム」に来賓《らいひん》として招《まね》かれたある女性ジャーナリストは、あいさつのなかで次のように述べました。

「国連が『平和の文化』という言葉を使い始めたころ、日本の新聞でもずいぶんこの言葉が使われました。けれども、『平和の文化』とは具体的にどういうものなのか、その実体がよくわかりませんでした。私は今日このフォーラムに参加させていただいて、『平和の文化』とはどういうものなのかが、初めてはっきりとわかりました。このフォーラムこそが『平和の文化』そのものです」

「平和の文化フォーラム」にかぎったことではありません。創価の女性たちが世代を超えて日々展開している友好活動こそが、日本に「平和の文化」を構築《こうちく》するための大きな力になっているのです。

たとえば、地域共同体の結びつきが急速に失われつつある日本社会にあって、創価学会には地域との絆《きずな》が生きています。各地の自治会組織を見ても、学会員が役員をつとめている例が非常に多く見られます。

学会による「友人葬」（僧侶を呼ばずに学会員が読経・唱題を行い、戒名《かいみょう》をつけない葬儀《そうぎ》の形。戒名料・お経料が不要）が定着し始めたころ、私は宗教儀礼の専門家の方と、その意義について語り合ったことがあります。その方は私に、大要次のように言われました。

「昔は葬儀《そうぎ》といえば村落共同体の人々が何も言わなくても全部手配をしてくれたものです。現代はそうした共同体が消失しつつあるので、葬儀も個々人で行うようになっていました。昔に比べたら寂《さび》しい葬儀になっていたのです。しかし、学会の友人葬は、かつての村落共同体のあたたかい結びつきを復興《ふっこう》させたような印象があります」

なるほど、と思いました。

「遠くの親戚《しんせき》より近くのコンビニ」などという言い方もありますが、コンビニには昔の商店街のようなあたたかいつながりは希薄《きはく》です。また、昔は駅の改札《かいさつ》を通るにも、駅員さんが微笑《ほほえ》んであいさつしてくれたものですが、いまや無味乾燥《むみかんそう》な自動改札です。

そのように人間同士の触《ふ》れ合いの機会が激減《げきげん》している時代だからこそ、人々は多かれ少なかれ昔より寂しさを感じつつ生きているでしょう。そのなかにあって学会には、昔ながらの触れ合いが息づいています。そのこと自体、「平和の文化」構築に大きく寄与《きよ》していると思うのです。

＊

近代以降、人間は一貫して「インディペンデント」（自立、個の確立）を目指してきました。それ以前は「ディペンデント」――何かに依存《いぞん》し従属《じゅうぞく》する歴史でしたから、それに対抗するための動きが、独立した「近代人」の誕生を促《うなが》したのです。

ところが、現代は「インディペンデント」の度合いがどんどん高まり、昔とは逆に、人々は「インディペンデント」であることに不満と物足りなさを感じるようになりました。あまりにも個人が自立しすぎ、他者とのつながりを失い、それぞれが孤立してしまったことに不安が高まってきた時代。それが現代なのです。

デイヴィッド・リースマンの言う「孤独《こどく》な群衆《ぐんしゅう》」ばかりが増え、個人の権利を重んずるあまり、自分のことだけを考える利己《りこ》的な人間が増えてしまって、あたたかい人間関係がなくなってしまった。そのことに対する反省と揺《ゆ》り戻《もど》しが、いま起きているのだと思います。

だからこそ、二十一世紀は「インターディペンデント（相互依存）」の時代になっていく、と主張している論者がいます。「依存」という言葉の印象はよくありませんが、互いにもたれかかるというより、「共生《きょうせい》」に近いニュアンスでしょうか。人と人とのあたたかい触れ合いを取り戻すことを目指す動きが、いま静かに高まっているのです。

インターディペンデントを、「相互依存」と訳《やく》すのではなく、仏法用語を用いて「縁起《えんぎ》」と訳している論者もいます。「縁起」というといささか専門的になりますが、もっと平《ひら》たくいえば「つながり」であり「ご縁《えん》」です。「袖《そで》振り合うも多生《たしょう》の縁」というときの「縁」ですね。

そういう世界を、いま多くの人が志向し始めています。そして、創価学会は「インターディペンデント」を志向してきた先駆《せんく》的団体ともいえるでしょう。

創価の女性たちは、それぞれの地域にしっかりと根を張って、人々が共生するあたたかい世界を築こうと努力しています。しかもその動きは、ローカルであると同時に、一九二カ国・地域に広がるグローバルなものです。

「シンク・グローバリー、アクト・ローカリー」（地球的規模で考えつつ、地域に根差して活動せよ）という有名なスローガンがありますが、創価の女性たちこそ、まさにそのスローガン通りに「グローカル」（「グローバル」と「ローカル」の合成語）に行動する女性たちなのです。

そのような創価の女性たちの行動が、目には見えない大きな力となって、いま、たしかな「平和の文化」を築きつつあるのです。

第6章

創価の女性運動の特質

徹底した男女平等思想

創価の女性たちの運動をみると、いくつかの特質が浮《う》き彫《ぼ》りになってきます。まず特筆《とくひつ》すべきは、この運動が、徹底した男女平等思想にもとづいているということです。

創価学会における女性観の基礎の一つは仏教思想にあります。池田SGI会長は、その著作やスピーチにおいて、繰り返し仏典や日蓮大聖人の御書（遺文《いぶん》）に言及しています。

その際、SGI会長は、仏教が本来、男女平等思想に立っているととらえ、そこから深い洞察《どうさつ》と指針を汲《く》み出し、現代的に展開あるいは再解釈《さいかいしゃく》し、社会に発信しているのです。

ところが、残念なことに、仏教研究全般においては、仏教は女性差別を容認《ようにん》・助長してきたものとして批判を浴びる傾向が強いのです。とくに近年、フェミニズム、ジェンダー論などの展開に伴《ともな》い、仏教を含む世界の諸宗教が「女性の視点」から問い直され、それらが「女性を抑圧《よくあつ》する装置」として機能してきたと糾弾《きゅうだん》されています。

たとえば、キリスト教については、「フェミニスト神学者」たちが、聖書や教会運営における女性差別を指摘《してき》し、イスラムにおいてもその女性観が批判されています。

仏教も例外ではありません。経典や仏教書をひもとくと、女性を蔑《べっ》視《し》したり排除《はいじょ》したりするような言説《げんせつ》は枚挙《まいきょ》にいとまがありません。たとえば、女性は「女性は梵天《ぼんてん》王、帝釈《たいしゃく》、魔王、転輪聖王《てんりんじょうおう》、仏になれない」とする「女人五障《にょにんごしょう》説」、『法華経』などにおける「竜女《りゅうにょ》の成仏」も男性に変じてからの成仏で、結局は女性排除であるとする「変成男《へんじょうなん》子説《し》」、さらに平安時代以降に日本で行われた「女人禁制《にょにんきんせい》（女人結界《けっかい》）」などです。

それに対し、SGI会長は、釈尊自体は男女平等思想に立っていたと指摘《してき》します。たとえば、釈尊は、自《みずか》ら説いた法を車にたとえ、「このような車に乗る人々は、女であれ、男であれ、実にこの車によって、ニルヴァーナ〔涅槃《ねはん》〕の近くにいる」（中村元訳『ブッダ 神々との対話』岩波文庫）と述べています。また、釈尊は女性の出家《しゅっけ》を認め、出家した尼《に》僧《そう》たちは、自ら悟《さと》りを得たことを堂々と宣言していたのです。

しかし、釈尊滅後《めつご》、男僧中心に部派仏教教団が運営され、経典の整備や加筆も行われ、彼らの見解が釈尊の言葉として経典に記《しる》されるようになると、女性の地位が低下し、「女人五障説」も登場してきます。

そうしたなかで、仏教本来の男女平等思想を示しているのが、『法華経』などに説かれる「竜女の成仏」です。SGI会長は、日蓮大聖人がこれを「変成男子」とはとらえず、「即身成仏《そくしんじょうぶつ》」、すなわち女性の身そのままでの成仏ととらえたことを踏《ふ》まえ、竜女の成仏こそ、「女性の人権宣言」であると指摘するのです。

さて、中世のいわゆる鎌倉新仏教の祖師《そし》たちの女性観はさまざまですが、日蓮大聖人は独得《どくとく》の視点《してん》に立っています。日蓮大聖人の活動を一瞥《いちべつ》しただけでも感ずることは、女性信徒が多く、女性宛《あ》ての書簡《しょかん》も非常に多いことです。日蓮大聖人は、女性信徒を信仰受持の主体として尊重していたことがわかります。

日蓮大聖人は、竜女の成仏がすべての女性の成仏の先駆《さきが》けであるとし、この例によってすべての女性の成仏が保証されたとしています。したがって大聖人は、「女人五障説」も明確に否定しています。大聖人にとって、成仏の必要条件は男性であることではなく、信仰の確かさ、深さにあったのです。

その立場から、「末法にして妙法蓮華経の五字を弘めん者は男女はきらふべからず、皆地涌《じゆ》の菩薩の出現に非ずんば唱へがたき題目なり」(御書一三六〇ページ)、また、「此の法華経計《ばか》りに此の経を持つ女人は一切の女人に・すぎたるのみならず一切の男子に・こえたりとみえて候」(御書一一三四ページ)など、宗教的資格や救いにおいて性別は無関係であると宣言したのであり、それが釈尊以来の仏教の本来の考え方であると理解し、解釈しているのです。また、「女人禁制」の根拠《こんきょ》とされた神《しん》道《とう》的な「穢《けが》れ」の思想も、無意味なことであると一蹴《いっしゅう》しています。

SGI会長の立場は、仏教思想のなかに、釈尊、『法華経』、日蓮大聖人へとたどる「女性解放思想の系譜」を見出《みいだ》しているのです。こうした思想により、創価学会・ＳＧＩは、徹底した男女平等思想を基盤とすることができました。これは、それぞれの背景となる一般的な歴史・社会状況を考えると、まさに画期的《かっきてき》なことだといえるでしょう。

＊

一般に、歴史をひもといてみると、多くの時代・社会において、女性は男性よりも劣《おと》った存在と考えられる傾向がありました。女性はほとんどの場合、「一人前」の人間とは見なされず、政治、経済、教育、文化など、社会のあらゆる分野で、二次的・従属的《じゅうぞくてき》な、劣った存在と考えられてきたのです。いわゆる「第二の性」（シモーヌ・ド・ボーヴォワール）です。

生理学的・生物学的に見て、男女に差異《さい》があるのは当然ですが、社会的・文化的な面では、差異にとどまらず、女性蔑視《べっし》や女性差別がまかり通ってきました。残念ながら、多くの宗教も、その傾向を強める方向に機能してきたといえましょう。

歴史上、女性が「第二の性」とされてきた理由は、社会的・経済的・政治的・文化的要因などさまざまで、宗教だけが非難されるべきものではありませんが、宗教がその一端《いったん》を担《にな》ってきたことも事実です。とくに、時代を遡《さかのぼ》るほど、宗教による性差別の影響力の大きさが際立《きわだ》つのです。

そうしたなか、「女性の解放」が現実問題として意識されるようになったのは、近代に入ってからでした。「自由・平等・友愛」をかかげたフランス革命において、人権をめぐる問題は大きく歩みを進めましたが、女性の人権についてはまだまだ課題が残っていました。それを指摘《してき》したオランプ・ド・グージュが、男性革命家によってギロチンに送られてしまったのは有名な話です。

近代日本でも、明治時代以来、福澤諭吉《ふくざわゆきち》らの啓蒙《けいもう》思想家や平塚らいてうらの女性活動家が、女性の問題に取り組んできましたが、一般の女性の考え方・生き方を大きく変えたのは、第二次大戦後の価値観の転換でしょう。

敗戦により、イエ制度をはじめとする伝統的な制度や慣習が廃《はい》され、民主主義国家となった日本で、憲法において男女平等が保障され、女性の参政権《さんせいけん》も認められたのです。

しかし、長い歴史を経《へ》て女性の心の奥深くにしみこみ、内面化された思想は、一朝一夕《いっちょういっせき》には払拭《ふっしょく》できません。私自身、「女は業《ごう》が深いから」「女は成仏できないから」などと嘆《なげ》く女性を、何人も見てきました。また、「女人禁制」について、「失礼しちゃうワ。誰が決めたんですか」

などといきまく現代女性も、じつは内面に伝統的な男尊女卑《だんそんじょひ》の通念《つうねん》を抱え込んでいる場合が多いのです。

さまざまな仏教教団は、女性の問題についてはマイナスから出発しなくてはならなかったといえましょう。仏教を奉《ほう》じる運動としての創価学会も、まずはそうした女性観に直面しなくてはなりませんでした。

ところが、創価学会は、これまで述べてきたような仏教における男女平等の思想を基盤としているため、伝統的な女性観にからめとられることなく、近代的な男女平等観に立つことができたのです。そこには、近代、第二次大戦後に発展したという歴史的条件や、在家《ざいけ》者の運動であるということが幸いした面もあります。

國學院大學の井上順孝《のぶたか》教授は、新宗教一般について、「女性差別ということに関しては、既成宗教よりは傷を負《お》いにくい特質をもっているように思われる」とし、その要因として、現実主義、此岸性《しがんせい》、在家主義とならんで、「基本的には、新宗教が近現代に形成された運動であるということと、民衆が担い手であるということによっている」と指摘しています。すなわち、背景となる社会の価値観が、性差別を論じるいまの時代の価値観とほとんど同一である、もしくはかなり近いため、また、社会における女性の重みを体験的に知っている民衆の発想によって教義が形成されることが多いため、そのような特質をそなえるというのです（「新宗教と性差別」『季刊仏教』第十五号、一九九一年、二五〇ページ）。

創価学会は、最も現代にふさわしい男女平等の理念をかかげ、運動を展開しているのです。

自己実現と社会貢献

創価学会に入会する人の多くは、とくに草創期《そうそう》の場合は、「貧・病・争」に代表される悩みを抱えていました。「宿命」に泣く女性たちも、自己の崇高《すうこう》な宗教的使命に目覚め、宿命転換のために活動し、幸福をつかんでいったのです。

SGI会長は、スワミナサン博士との対談において、「最も苦しんだ民衆こそ、最も幸福になる権利がある」とし、「貧乏人と病人の集まり」と心ない中傷《ちゅうしょう》を受けながら、民衆の民衆による民衆のための革命を進めてきた創価学会にとって、その言葉はむしろ最高の誇《ほこ》りであり、誉《ほま》れであると述べています。そして、「使命に目覚めた民衆は限りない力を発揮する」と指摘しています。

さらに、『法華経』における「地涌《じゆ》の菩薩《ぼさつ》」に民衆性を見出し、日蓮大聖人が「地涌の菩薩」を論じるなかで、十三世紀の封建《ほうけん》的な日本社会にあって、すでに「男女はきらふべからず」と、明確に男女の平等を示し、女性に秘《ひ》められた力に期待していたことに論及《ろんきゅう》しています。

そして、「みなの生命が輝く世界」へ、女性のエンパワーメント（力を与えること）、そして民衆のエンパワーメントを実現することが時代の焦点であると提言しているのです（『「緑の革命」と「心の革命」』）。

このように、まずは自分らしく自己実現をし、宿命転換をしていくことが目標となりました。多くの女性たちが、創価の思想に奮《ふる》い立ち、自身の内に隠《かく》れていた力を自覚し、堂々とそれを発揮し、人生の荒波を乗り越えてきたのです。

しかし、彼女たちの活動は、自身の幸福のみにとどまりませんでした。仏教の縁起《えんぎ》の思想や「自行化他《じぎょうけた》」の思想を学ぶなかで、他者へ、社会へと視野が拡大していったのです。

自分が最高に幸せになったとしても、隣《となり》に悲しみに泣く人がいれば幸せではない。他者とともに幸せになりたい、と心から思うようになるのです。地球の自転と公転のように、自身の幸福と他者の幸福が同じ重みを持つ目的となるのです。

女性には友情が育ちにくいとか、女性は嫉妬《しっと》深いといわれてきましたが、自身の生命を広げ、境涯《きょうがい》を高めるなかで、姉妹のように、親子のように、ともに涙《なみだ》し、ともに喜ぶ世界を現出《げんしゅつ》していくことができるのです。

さらに、他者とのつながりが拡大すると、社会貢献《こうけん》、世界平和にまでその連環《れんかん》は延びていきます。創価学会、ＳＧＩメンバーが朝夕、行っている勤行の祈りの最後の部分は、「世界の平和と一切衆生の幸福のために」です。

「一人の人間における偉大なる人間革命は、やがては一国の宿命転換をなしとげ、さらには全人類の宿命の転換を可能にするのだ」との小説『人間革命』のテーマそのままに、女性たちの自己実現と社会貢献の活動は、相互往還《おうかん》で力を増しながら、ダイナミックに展開していくのです。

担い手の多様性

次に担《にな》い手《て》についてみると、創価の女性運動は、社会のさまざまな分野、立場、地域、年代の女性たちによって担われています。家庭、職場、学校、地域社会など、さまざまな領域《りょういき》に生きる人々、世代を超えた人々による、いわば草の根の運動といえましょう。

一般的に、近代における女性（婦人）運動の多くは、参政権など法律上の諸権利の要求、経済活動における男女の平等、教育における男女平等、売春の禁止、反戦・平和など、特定の目標を立て、それにかかわる人々を中心に展開される傾向がありました。一部の識者や活動家だけで行われる運動もありました。

それに対して、創価の女性たちの活動は、特定の社会的目的をかかげるものではなく、あくまで宗教活動を中心とするものでした。社会的な活動も行いますが、核心《かくしん》には宗教的信念があり、目標は「広宣流布」なのです。

入会形態も、家族単位のことが多く、親が学会員だった学会二世や、その次の代の三世、四世もすでに存在しています。それらの人々が、社会のなかで一定の位置を占めつつ、活動を継続《けいぞく》しているため、社会のあらゆる領域に会員が存在するのは当然のことといえましょう。そのため、幅広い領域の多くの女性たちの力を引き出し、社会貢献《こうけん》へと向けることが可能になっています。

また、世代的にいっても、誕生後すぐに入会した子どもから、高齢女性まで、これも幅広《はばひろ》い女性が糾合《きゅうごう》されています。

よく、創価学会の会合に参加した来賓《らいひん》の方の感想として、「役員をはじめ、会場に若い女性の姿が目立ったことに感動した」というものがあります。会合に参加された来賓の方々の悩みは、後継者がつづかないということだというのです。指摘されてはじめて、世代を超えた共同作業はたしかにまれであることに気づいたしだいです。

担い手の多様性を実感するのが、創価学会伝統の座談会です。座談会は、まさに老若男女《ろうにゃくなんにょ》の、「世界で一つだけの花」たちが咲き乱れる、幸《さち》の花園《はなぞの》です。それぞれの特質を生かし、それぞれの立場で活動している様子を交換し合い、学び合い、決意をし合う場となっています。

ある日の座談会。……少子化できょうだいの少ない子どもが、世代の異なる友たちと遊んでいます。結婚前の女性が、婦人部の先輩たちの体験にうなずいています。育児に悩む若い母親は、ベテラン主婦のアドバイスに安心します。働く女性は、仕事で得た情報や社会情勢を紹介しています。

高齢女性も多く参加します。夫に先立たれ、子どもと離れて暮らしている彼女たちは、子どもや孫《まご》の世代の同志たちと生き生きと語り合っています。美しく年齢を重ねた女性は、女性の生き方のモデルです。あらゆるタイプの女性たちを包み込みながら、笑いがはじける座談会は進行していくのです。

多種多様な女性たちが、互いに励《はげ》まし合いながら、同じ目標に向かいつつ、各々《おのおの》の立場で課題に取り組んでいるのです。それぞれが「異《い》体《たい》」でありながら、宗教的情熱において「同心《どうしん》」です。この輪は、学会員のみならず、広く一般の女性たちの間にも拡大しつつあります。

スクラムは世界へ

最後に、創価の女性運動に特徴的なことは、世界的規模のネットワークを持っていることです。

池田SGI会長が、初の海外訪問となるアメリカ訪問に旅立ったのは、創価学会の第三代会長に就任した一九六〇年の十月二日のことでした。

当時、海外には一握《ひとにぎ》りのメンバーしかいませんでしたが、会長は彼らに希望を与え、各国のよき市民として生きるよう指導しました。アメリカで、不如意《ふにょい》な生活をしていたいわゆる「戦争花嫁」たちに、語学を身につけ、車の免許《めんきょ》を取得し、アメリカ国籍を取るよう激励《げきれい》したことはよく知られています。

それから約五十年がたち、SGIは世界一九二カ国・地域へと拡大しており（二〇〇九年現在、国連加盟国が一九二カ国であることを考えると、驚異的なことです）、日本人中心であった組織の多くも、いまでは当地のメンバーが中心者となって運営されていいます。

私自身、各国を訪問した折には、本部や文化会館を訪《おとず》れ、メンバーと交流を行うよう心がけてきました。アメリカのロサンゼルスやニューヨーク、ボストン、フランスのパリやソー、ドイツのビンゲンやベルリン、ウィーン、フィレンツェ、香港、ニューデリー、シンガポールなど、当地のメンバーとともに勤行をし、語り合うと、感無量《かんむりょう》の思いにとらわれます。草創期に歌われた「東洋広布の歌」「世界広布の歌」の世界が現出しているのです。

そうしたなかで、はっとさせられたできごとがありました。

フィレンツェで、イタリア人の壮年のＳＧＩメンバーと語り合ったときのことです。彼は生まれてすぐ洗礼《せんれい》を受けたキリスト教徒でしたが、キリスト教にあき足らず、ＳＧＩに入会して活動していたのです。

話の途中で、私が何げなく、「イタリアの方《かた》が、よく日本の宗教に入りましたね」と言ったのに対し、彼は、「ＳＧＩは日本の宗教ではありません。世界宗教です」と答えたのです。

私は、「やられた！」と思いました。頭の中ではＳＧＩは世界宗教と思っていたはずなのに、まだまだ日本の枠《わく》にとらわれていた自分に気づかされたのです。

「なぜ日本人なのにスパゲッティを食べるのか」と聞かれたら、困ってしまうでしょう。「おいしいから」としか答えようがありません。おいしいものはおいしい。よいものはよい。ＳＧＩの思想と活動は、国や民族の枠を超えて、多くの人をひきつける普遍性《ふへんせい》をそなえていることを実感させられた一幕《ひとまく》でした。

世界中に、同じ思いで、自身、他者、世界のために、自己実現と社会貢献《こうけん》の道を歩んでいる仲間がいる。友人がいる国と戦争はしたくありませんし、そこに爆弾《ばくだん》は落とせません。国境を軽《かろ》やかに超えたつきあいが、深く強く結ばれつつあるのです。

世界各地でSGI主催の「女性会議」が開催されてきました。このようなスクラムは、SGIメンバー以外の女性たちにも注目され、心ある女性たちのスクラムが拡大しているのです。たとえば、国連主宰の特別総会「女性二〇〇〇年会議」の直後にも、ニューヨークで、特別総会に参加したパネリストを招き、SGI主宰の「女性会議」が開催され、活発な議論が展開されました。

一方、SGI会長は、世界の女性識者や政治家たちと精力的に対話を展開してきました。一例を挙げれば、鄧穎超《とうえいちょう》（周恩来夫人）、マーガレット・サッチャー（元英首相）、コラソン・アキノ（元フィリピン大統領）、ローザ・パークス（米公民権運動活動家）、アクシニア・ジュロヴァ、ヴォロビヨワ＝デシャトフスカヤ（ロシア、仏教学者）、ヘイゼル・ヘンダーソン、リリアン・ヴォワイエ（元国際宗教社会学会会長）、エリース・ボールディングらの各氏で、それらの対話のいくつかは、対談集として結実《けつじつ》し、共感の輪を広げています。

このように、ＳＧＩは、仏教本来の女性解放思想に根ざし、現代においてその理念を実現し、新たな時代の創造に日々、挑戦しているのです。

いまだ、すべての人間が幸福に生きているとはいえない現実があり、人類的課題も山積《さんせき》しています。二十世紀は「戦争と暴力の世紀」といわれましたが、そうした人類の運命を転換し、混迷《こんめい》に満ちた人類社会を平和へ、生命尊厳《そんげん》の方向へと転換《てんかん》し、人間を最優先に考える社会を構築《こうちく》することが緊急の課題となっています。従来の社会全体の価値観、制度に対する対案を提示し、根こそぎ変革し、社会に人間性を取り戻させ、バランスを回復させることが要請《ようせい》されているのです。

池田SGI会長は、そうした潮流《ちょうりゅう》の主体的な担い手として、なかんずく女性に大きな期待を寄せています。痛みを知る人は、他者の痛みを聞き、汲《く》み取り、慈愛《じあい》をもって同苦《どうく》するまなざしを持っています。従来無視されがちだった女性の視点・発想・行動に、未来を開く可能性があるのです。長い間、半人前にみられてきた女性たちが、自分たちも人間であり、自己実現をし、社会にも貢献したいという声をあげたのは、ようやく二十世紀の半《なか》ば以降のことでした。

しかし、女性も男性も同じく尊貴《そんき》な存在であり、思う存分《ぞんぶん》に自己実現し、社会のために貢献することができることを、釈尊や日蓮大聖人はすでに高らかに宣言していました。そして、それを現代にあって継《けい》承《しょう》しているリーダーが池田SGI会長なのです。仏教を奉《ほう》じるということは、経典や遺文《いぶん》の訓詁《くんこ》注釈《ちゅうしゃく》にとどまらず、その思想を自《みずか》らが生きる時代状況のなかで解釈、あるいは再解釈し、その精神を生き生きとよみがえらせ、生かしていくということでしょう。池田SGI会長は、現代にあってそれを自ら実践《じっせん》し、現代にふさわしい言説《げんせつ》を展開し、多くの人々に訴《うった》えつづけています。

それに呼応《こおう》して立ち上がり、仏教の深い哲理《てつり》に根ざした女性たちの連帯の輪は、いまや世界的規模へと拡大しています。そして、二十一世紀を、人間が大切にされ、男性も女性もともに責任を分かち合い、人間として伸びやかに自己実現し、社会に貢献しつつ、幸福感を満喫《まんきつ》できる「生命の世紀」とすべく、活発に活動を展開しているのです。ここに、「生きた仏教」の現実の例証《れいしょう》を見出すことができるでしょう。

またここに、未来をつくる女性の力の可能性を見出すことができるでしょう。

あとがき

インドのマハトマ・ガンジーは、「非暴力が私たち人間の法則であるとすれば、未来は女性のものである」と述べています。ガンジーは、女性が持つ力を最大限に評価し、現実の闘争《とうそう》のなかでも、最前線で戦いたいという女性たちの思いを受け止め、その自発的な活動を見守り、勇気づけたといいます。

未来は男女ともに力を合わせて構築《こうちく》するものですが、「平和の世紀」「人間の世紀」「生命の世紀」の構築に向けて、ガンジーも指摘《してき》するように、とりわけ女性の力に大きな期待が寄せられています。

創価学会、ＳＧＩの女性たちの歩みは、それを先取りしてきた歴史であるといえましょう。本書で紹介させていただいた方々だけでなく、全世界中で個性豊かな花々のごとき人生のドラマが展開されているのです。

私ごとで恐縮《きょうしゅく》ですが、先年他界《たかい》した私の母もその一人でした。農家の六人きょうだいの長女に生まれ、学業もそこそこに家計を助けるために働きに出、終戦後、戦地から帰還《きかん》した父と結婚。二人で始めた自営業がうまくいかず、借金を重ねるなかで、親類に創価学会の話を聞き入会。四十歳代半《なか》ばのことでした。

しだいに仕事も軌道《きどう》に乗り、感謝の思いで活動を展開。夫を見送った後も、子どもや孫《まご》、ひ孫に囲まれ、一家和楽《いっかわらく》のおだやかでにぎやかな日々。七十六歳で念願のヨーロッパ旅行が実現し、当地でSGIメンバーと交流するなかで、池田SGI会長の描く世界広布を実感。とくに、パリ在住の友人夫妻が案内してくれたユゴー記念館でのひととき は、深く強く心に残ったようでした。

その後の五年間は、折《おり》にふれて、「ありがたい、ありがたい」「学会、（池田）先生のおかげでこんなに幸せになれた」「夢のようだ」と語り、死去の十日前まで地域の同志や友人に囲まれて活動。地道でつつましく、苦労を重ねた一人の女性が、信仰によって蘇生《そせい》し、使命に目覚め、自分らしく咲ききった生涯でした。

数百万の女性たちのドラマと、友人たちとの友情の輪《わ》。本書で描けたのはそのほんの一部にすぎませんが、「女性たちが笑いさざめく」未来に向けて少しでも役立つことができれば、これほどの喜びはありません。

最後になりましたが、このような魅力的な企画を推進してくださり、さまざまなご配慮《はいりょ》をいただいた第三文明社編集部の皆様に、心より感謝申し上げます。

なお、執筆にあたり、多くの文献を参照・引用させていただきました。主なものをここに記し、感謝の意を表します。

＊参照・引用文献（年代順）
『日蓮大聖人御書全集』創価学会、一九五二年
池田大作『人間革命』全十二巻、聖教新聞社、一九六五～一九九三年
『平和の大地』（創価学会平和主張大会集）第一～四巻、一九九三～二〇〇一年、第三文明社
池田大作『第三の人生を語る』聖教新聞社、一九九八年

池田大作『新・人間革命』聖教新聞社、一九九八年〜
池田大作／アクシニア・ジュロヴァ『美しき獅子の魂　日本とブルガリア』東洋哲学研究所、一九九九年
『世界の識者が語る　池田大作SGI会長との出会い』潮出版社、二〇〇一年
池田大作『母の舞』聖教新聞社、二〇〇〇年
池田大作／ヘイゼル・ヘンダーソン『地球対談　輝く女性の世紀へ』主婦の友社、二〇〇二年
池田大作『新・女性抄』潮出版社、二〇〇三年
池田大作『幸福抄』主婦と生活社、二〇〇三年
『香峯子抄　夫・池田大作と歩んだひとすじの道』主婦の友社、二〇〇五年
エリース・ボールディング／池田大作『「平和の文化」の輝く世紀へ！』潮出版社、二〇〇六年

M・S・スワミナサン／池田大作『「緑の革命」と「心の革命」』潮出版社、二〇〇六年
『インタビュー　外から見た創価学会』第三文明社、二〇〇六年
『白ゆりの輝き』(創価学会婦人部体験集・第2集) 鳳書院、二〇〇六年
池田大作『こころに響く言葉　新婦人抄』主婦の友社、二〇〇八年
『聖教新聞』
『大白蓮華』

二〇〇九年一月二十六日

栗原淑江

[著者プロフィール]
栗原 淑江（くりはら・としえ）
1952年　埼玉県に生まれる
1975年　創価大学文学部社会学科卒業
1983年　創価大学大学院文学研究科社会学専攻
博士後期課程修了
東洋哲学研究所主任研究員、創価大学講師、博士（社会学）
専　攻　社会学、女性学
著　書　『マックス・ウェーバー　影響と受容』（共訳）1989、『人権はだれのものか』（共著）1993、『女性学へのプレリュード』（共著）1995、『女性のための人間学セミナー』（編著）1997、『賢く生きる』（編著）1999、『アメリカの創価学会』（訳）2000、『池田大作　師弟の精神の勝利』（訳）2000、『女性に贈る幸福への指針』2003、『わが心の師　池田大作』（訳）2005、『友人葬の現在』（共著）2006、『対話の達人　池田大作』（訳）2006

装丁デザイン・イラストレーション　堀井美惠子
本文写真提供　聖教新聞社
JASRAC　出0900683-901号

未来をつくる女性の力

――――桜梅桃李の花咲く社会へ

2009年3月16日　初版第1刷発行

編　者　　栗原《くりはら》 淑江《としえ》
発行者　　大島 光明
発行所　　株式会社　第三文明社
東京都新宿区新宿1-23-5
郵便番号　160-0022
電話番号　編集代表：03(5269)7154
営業代表：03(5269)7145
振替口座　00150-3-117823
URL　http:/www.daisanbunmei.co.jp
印刷所　明和印刷株式会社
製本所　株式会社星共社

ISBN978-4-476-06207-6

〈第三文明社の本〉

女性に贈る幸せへの指針　栗原淑江

女性たちが輝き、社会の主体者となる「女性の世紀」がいよいよ開幕した。仏教の智慧は、女性が抱える諸問題に深い洞察と珠玉の指針を与えてくれる。　本体九五〇円

女性のための人間学セミナー　栗原淑江・編

人権、思想、社会、家族、健康などのテーマについて、それぞれの専門の立場から「女性」を切り口として論じた6編を収録した。現代を真剣に生きる女性たちへの問題提起の書。　本体八六〇円

ガンジー・キング・イケダ
——非暴力と対話の系譜——
N・ラダクリシュナン
栗原淑江・訳

21世紀の人類を脅かす民族間・宗教間の対立、その解決を「非暴力と対話による民衆運動」に探る。「ガンジー——非暴力の戦士」「キング——わたしには夢がある」「池田大作——輝きに満ちた灯台」他。　本体九五二円

平和の大地④
——創価学会婦人部平和主張大会集——
高柳洋子・編

「ウィメンズ・プラザ——平和主張の集い」のうち、第37回大会から最終回までを収録。家庭と地域に根ざし、共感と共和の活動を続ける35人の女性たちの体験が心を打つ。　本体一二〇〇円

女性の健康読本　石川てる代

女性の立場から、世代別にどんな病気が多くなるか、その対処法、診断基準、予防法などがわかりやすく書かれている。「女性の身体基礎知識」「症状別女性の病気」「不妊症と妊娠」「更年期以降に心配な症状と病気」の4章から成る。　本体九〇〇円